AF299121

(Par F.-M. Guillot.)

LE
JACOBINISME RÉFUTÉ,

OU

OBSERVATIONS CRITIQUES

SUR LE MÉMOIRE DE M. CARNOT,

ADRESSÉ AU ROI EN 1814,

PAR Mʳ F. M. G******.

> O Dieu qui punis les outrages
> Que reçoit l'humble vérité,
> Venge-toi, détruits les ouvrages
> De ces livres d'iniquité.
>
> J. B. ROUSSEAU.

PARIS.

DE L'IMPRIMERIE DE C.-F. PATRIS,
RUE DE LA COLOMBE, DANS LA CITÉ.

MAI 1815.

CET OUVRAGE SE TROUVE AUSSI AU PALAIS-ROYAL,

Chez Delaunay, Pelicier, et chez tous
les Marchands de nouveautés.

OBSERVATIONS

CRITIQUES

SUR LE MÉMOIRE DE M. CARNOT.

M. LE GÉNÉRAL CARNOT a, par ses vertus guerrières, des droits à l'estime publique; loin de nous la pensée de les lui contester. Nous nous empressons même de lui en offrir notre juste tribut. Mais il est une autre espèce de droit que M. Carnot perçoit, et qui ne lui est pas si justement acquis. Je veux parler de ce droit prélevé depuis huit à neuf mois sur l'admiration d'un certain nombre de Français qui n'ont pu lire sans étonnement son Mémoire adressé au Roi en juillet 1814.

En effet, la hardiesse cynique avec laquelle ce nouveau Diogène a frondé son souverain, la presqu'insolente audace avec laquelle il a bravé et l'indignation des gens de bien, et l'autorité du monarque, sont faites pour étonner tous ceux qui ne voyent ou ne comprennent pas que tant d'audace ne fut que le fruit de trop d'indulgence, et que jamais coupable ne fit plus trophée de ses crimes, que quand il fut certain de l'impunité.

Or, tel qui fut capable de mettre en oubli le meurtre de sa famille; tel qui fut capable de compter encore parmi ses enfants des parricides, à la rage sacrilège desquels il ne fut pas immolé, seulement parce qu'il ne tomba jamais en leur pouvoir; tel, en un mot, qui fut capable de tant de bonté, de vertu, de noblesse et de générosité; Louis XVIII enfin, ne devait pas, à coup sûr, sévir pour des déclamations et des pamphlets, féroces et sanguinaires il est vrai, mais qui ne sont, après tout, que des déclamations et des pamphlets. Et M. Carnot le savait bien avant de publier son Mémoire. Si donc, au premier coup-d'œil, il semble commander la surprise, qu'on ne s'y trompe pas. Le rôle de M. Carnot, en publiant son Mémoire, ne ressemble qu'à celui d'un des valets de Frédéric-le-Grand : « qui, gagné » par des traîtres, servit un jour à ce prince » du café empoisonné. Frédéric, dont le seul » regard imposait au crime, le regarda fixe- » ment selon son habitude. Le perfide effrayé » tombe aux pieds du monarque qui l'inter-

(3)

» roge, et pour toute punition le chasse de
» son service, croyant le punir assez en l'a-
» bandonnant à ses remords. Quelques an-
» nées après, ce domestique s'étant établi
» à Kœnisberg où il parvint à obtenir de
» l'emploi, parce qu'il n'y était pas connu,
» eut l'imprudence de signer avec ceux de son
» bureau, un projet adressé au roi. Frédéric,
» indigné de son audace, ne put s'empêcher
» de dire : *Ce malheureux veut donc me
» forcer à le punir!* et aussitôt il ordonna
» qu'il fût fait soldat. Un jour que le roi pas-
» sait ses troupes en revue, il s'informa de
» cet homme, le fit appeler hors du rang, et
» le regarda d'un air plus touché que mena-
» çant; mais cet insolent, par sa contenace
» audacieuse, brava le monarque, qui n'at-
» tendait de lui que quelques marques de re-
» pentir pour signaler sa clémence. A la fin,
» haussant les épaules de pitié, Frédéric lui
» tourna le dos. »

L'insolence de cet homme n'est pas tout-à-
fait sans rapport avec celle de certain faiseur
de mémoire. Et ce qui prouve, dans la conduite de M. Carnot en publiant le sien, plus
de morosité que de hardiesse, et plus de lâcheté que de courage, c'est que jamais il ne

fut assez brave ni assez résolu pour en adresser un semblable au terrible Bonaparte, qu'il reconnaît cependant avoir été un oppresseur et un tyran, et à qui certainement il devait avoir plus d'un motif de faire sentir son animadversion; car s'il est vrai que Louis XVIII ait violé la charte constitutionnelle en un ou deux points, n'est-il pas encore plus vrai que Bonaparte avait violé cent et cent fois, en cent et cent manières, ce qu'il appelait les constitutions de l'empire? S'il est vrai que Louis XVIII ait éloigné de sa personne, et même du gouvernement, plusieurs de ceux qu'on nommait autrefois les dignitaires de l'empire, et qui tous étaient des hommes vendus à Bonaparte, ennemi juré de sa maison; Bonaparte, à son avénement au trône de France, n'avait-il pas traité encore plus mal tous ceux qui gouvernaient avant lui? Tout le monde sait, et M. Carnot ne doit pas l'ignorer, comment furent traités les Moulin, les Rewbel, les Barras, les Lucien Bonaparte, et autres. Cependant, jamais M. Carnot s'est-il avisé d'adresser pour cela des mémoires à Napoléon?

Mais, que Louis XVIII ait violé la charte constitutionnelle, c'est encore une question. Quoi! dira-t-on, la loi sur la liberté de la presse n'est pas une violation de la charte? A cela on répond que, si la loi sur la liberté de la presse est une violation de la charte constitutionnelle, ainsi que toutes autres lois qui infirment plus ou moins la charte, cette violation n'est en aucune manière l'œuvre de Louis XVIII, qui n'a, sur l'article des lois, d'autres droits que celui de proposition, et d'une sanction libre. Ainsi, le fait des lois, qui sont en opposition avec quelques articles de la charte, ne doit point être imputé à Louis XVIII, mais à la nation elle-même qui a consenti les lois par l'organe des deux chambres; et si M. Carnot a des réclamations à faire, s'il croit avoir à se plaindre des modifications qu'il a plu à la nation d'apporter à quelques articles de la charte constitutionnelle, c'est à la nation qu'il doit s'en prendre; qu'il lui conteste le droit qu'elle a de demander qu'on la gouverne de telle ou telle manière; car Louis XVIII, en surveillant l'exécution des volontés de la nation, ne fait que ce qu'il doit faire, et ne doit point encourir pour cela la censure de M. Carnot.

Louis XVIII, en écoutant la voix de son cœur, a cherché tous les moyens possibles d'adoucir le sort d'une multitude de Français que la rage révolutionnaire avait proscrits de leur patrie, mais qu'un nouvel ordre de choses y rappelait; il a voulu que le sort de cette classe infortunée qui depuis ving-cinq ans traînait de royaume en royaume sa déplorable existence, fût enfin supportable; il a fait en sorte que ses autres sujets ne vîssent dans ces victimes de la révolution que d'anciens Français et d'anciens frères pour qui nous devions avoir tous les égards dus au malheur. Le bien général et le maintien de la paix dans la grande famille exigeant que les biens dont ils avaient été dépouillés demeurassent irrévocablement entre les mains des nouveaux possesseurs, il était bien juste qu'au moins les plus capables d'entre les anciens nobles partageassent avec les nouveaux les honneurs et les avantages de la magistrature et du commandement des armées. Louis XVIII a donc pu et a même dû établir ce partage. Nous avouons qu'il s'est peut-être trompé dans le choix qu'il a fait de quelques-uns de ceux que vous appelez si gratuitement *des transfuges*, pour occuper, soit à la cour, soit ailleurs, des charges qui n'ont pas toujours été bien remplies; nous avouons même qu'il eût peut-être été mieux servi par quelques-uns de ceux qui ont été éconduits ; mais fallait-il pour cela que Louis XVIII ne s'entourât que des meurtriers de Louis XVI ? fallait-il pour cela qu'il laissât, ce qu'il n'a malheureusement que trop fait, les charges à des hommes qui, pour la plupart, n'en auraient mis les prérogatives à profit que pour ramener l'ex - empereur ? Non, M. Carnot, vous êtes encore trop raisonnable pour le penser. Louis XVIII a dû faire ce qu'il a fait ; et si Louis XVIII méritait qu'on lui adressât des remontrances, à vous moins qu'à tout autre appartenait le droit de les lui faire. Si l'administration de Louis XVIII fut répréhensible, elle ne le fut que par l'excessive modération dont il a constamment usé envers les meurtriers de son frère et ceux que l'opinion publique lui désignait comme ses plus implacables ennemis.

Du reste, M. Carnot eût-il même raison dans ce qu'il dit au Roi, la nation ne lui en saura jamais aucun gré, parce qu'il devait, si le zèle qu'il montre pour elle est vrai, adresser ses mémoires à Napoléon lorsqu'il nous opprimait, au lieu d'attendre, pour élever la voix, que la France et lui-même n'eussent qu'à se louer tant de la sagesse que de la clémence de celui qui gouvernait lorsque

M. Carnot a publié son mémoire. Il est vrai que s'il se fût avisé de parler du gouvernement de Bonaparte comme il a fait de celui des Bourbons, on ne lui aurait pas laissé vingt-quatre heures d'existence. Cette réflexion a bien pu engager M. Carnot à remettre à un autre temps de faire ses preuves de courage et de dévoûment pour la liberté de sa patrie ; et nous convenons nous-mêmes qu'il valait mieux plier et se taire que d'être conduit à Vincennes ou dans la plaine de Grenelle. Mais, encore une fois, qu'on ne nous vante plus M. Carnot pour sa hardiesse et son courage. Entamons son discours.

M. Carnot avance, peut-être avec raison, mais à tort selon nous, que *l'état social, tel que nous le voyons, n'est autre chose qu'une lutte continuelle entre l'envie de dominer et le désir de se soustraire à la domination.* Il faut avouer que cette définition seule de l'état social ne décèle pas mal cette turbulence républicaine qui caractérisa constamment et M. Carnot lui-même et la plupart de ses opérations, tant civiles que militaires. Dans quelle fermentation nous verrions sans cesse les gouvernements, si cette définition était vraie ! L'Etat le mieux organisé ne serait qu'un trouble continuel , un désordre sans cesse renaissant. La France heureusement n'est plus en république ; son état social , pris individuellement , a bien pu , sous le gouvernement anarchique de la convention et du directoire , mériter la définition que nous en fait M. Carnot ; mais que depuis le renversement du directoire , et mieux encore depuis le retour de Louis-le-Désiré , l'état social ait été une lutte continuelle , c'est ce qui est faux. Là où tous les partis sont satisfaits , où chacun est content et prend part à la joie commune , bien certainement il n'y a pas de lutte. Or M. Carnot avoue lui-même que *le retour des Bourbons produisit en France un enthousiasme universel ; ils furent accueillis avec une effusion de cœur inexprimable ; les anciens républicains partagèrent sincèrement la joie commune..... il ne se trouvait personne qui ne fût réellement dans l'ivresse.* Donc il n'y avait pas de lutte alors ; donc l'état social avait cessé d'exister , ou , ce qui est plus probable , l'état social n'est pas une lutte continuelle. Mais poursuivons. Cette erreur par laquelle M. Carnot commence son mémoire , n'est encore rien auprès de celles qui nous restent à relever.

Aux yeux des partisans de la liberté in-définie , poursuit M. Carnot, *tout pouvoir, quelque restreint qu'il soit , est illégitime ; aux yeux des partisans du pouvoir absolu, toute liberté, quelque bornée qu'elle soit, est un abus.* D'où nous pouvons conclure que les uns et les autres ont également tort : les premiers, en ce qu'un pouvoir trop restreint n'est qu'un fantôme de pouvoir ; et les se-conds, en ce qu'une liberté trop bornée n'est plus une liberté. Il existe un terme moyen dont il paraît que M. Carnot s'est bien aperçu, mais qu'il n'a jamais suivi et qu'il a toujours voulu méconnaître. Lorsqu'il rongeait le frein, comme lorsqu'il faisait des lois, M. Carnot méconnut toujours le juste milieu. Je dis qu'il méconnut les bornes du pouvoir, puisqu'il ne fit rien pour réprimer celui de Bonaparte, qui fut un despotisme sans exemple. Il mé-connut aussi les bornes de la liberté, puisqu'il donna constamment les mains à cette anarchie révolutionnaire qui fit commettre tant d'atro-cités et tant de crimes sous le règne de la convention. Tant il est vrai que d'une extré-mité à l'autre la distance n'est que d'un pas, et encore ce pas est-il glissant !

Mais, dira-t-on, quel est donc ce milieu

entre la liberté indéfinie et le pouvoir absolu ? Quelle est cette ligne de démarcation que vous prétendez exister entre l'anarchie résultante d'une trop grande liberté, et la tyrannie ordinaire d'un pouvoir absolu ? Cette ligne de démarcation, ce milieu qui exclut également et la licence d'une liberté outrée et le despotisme d'un pouvoir absolu, est un gouvernement à la fois constitutionnel et monarchique, un pouvoir ferme et que rien n'entrave dans sa marche, mais un pouvoir qui garantit les droits de la liberté, par la responsabilité personnelle de ceux à qui il est délégué. Or, telle était la nature du pouvoir sous Louis XVIII, que jamais le gouvernement ne pouvait devenir arbitraire en France. La liberté individuelle était plus que garantie par la charte, et l'exécution de la charte l'était elle-même par la responsabilité des ministres. Que fallait-il de plus ? Républicains, jacobins ou anarchistes, vous-mêmes partisans de Bonaparte, répondez. Que fallait-il de plus ? Si le pouvoir du roi était prudemment étendu, n'était-il pas aussi sagement limité ? Si, de son propre mouvement, Louis eût entrepris de violer un seul article de la charte constitutionnelle, la chambre des députés et celle des pairs n'étaient-elles pas là pour lui faire leurs remontrances ? N'étaient-elles pas là comme deux sauvegardes de la nation ? Cela n'a pas empêché, direz-vous, qu'on n'ait violé la charte, ne fût-ce que relativement à la liberté de la presse ; et s'il fut permis de la violer en un point, pourquoi pas en deux, en dix, en vingt ? En un mot, pourquoi pas en chacun de ses articles ? Cette objection, plus captieuse dans la forme que solide dans le fond, trouvera facilement sa solution dans la bonne-foi de ceux mêmes qui nous la proposent, si toutefois ils veulent en convenir. Oui, la charte a subi quelques légères atteintes : nous en avons déjà fait l'aveu. Mais en vouloir conclure que la charte peut être violée dans tous ses points, n'est pas moins absurde que si l'on prétendait que toute la charte a besoin d'être réformée, parce que deux ou trois articles ont paru susceptibles de modification dans la charte.

Tant que messieurs les révolutionnaires et messieurs les partisans de Bonaparte ne troubleront ni l'ordre public ni les intérêts des particuliers, on leur passera facilement leurs opinions ; mais s'ils en venaient à menacer la liberté publique, la fortune et la sûreté des individus, croyez-vous qu'on les laisserait agir ? Oh ! non, vous ne le croyez pas ; eux-mêmes sont loin de le croire. La majorité sera toujours prête à se lever contre eux, et à les forcer de rentrer dans l'ordre, dès qu'ils voudront renouveler leurs anciennes déprédations. Eh bien ! vous pouvez croire que quand il s'agirait d'infirmer les droits de la nation, ces droits qui sont garantis par la charte, ces droits qui sont, pour la France en général, ce qu'est la liberté pour chaque individu, vous croyez qu'elle ne réclamerait pas ? Vous croyez que les deux chambres ne seraient pas les premières à revendiquer, sans attendre que M. Carnot s'en mêlât ? Non, encore une fois vous ne le croyez pas ; vous savez, mieux que personne, quels sont les droits d'un Français. Ces droits sont pour chacun de nous, et pour l'état social en entier, ce qu'est l'endroit sensible dans une plaie, auquel on ne peut toucher qu'aussitôt le frémissement des chairs n'avertisse du mal que nous ressentons.

Les droits du peuple, consignés dans la charte constitutionnelle, telle que Louis XVIII nous l'a donnée, ont éprouvé une révision ; on en a même resserré l'étendue. Mais une preuve certaine que ces droits n'ont point été blessés, c'est que le corps de la nation, représenté par les deux chambres, loin de s'y opposer, a provoqué lui-même cette révision, et a consenti les lois qui en ont été le résultat. Ainsi, loin d'avoir été violée, on peut dire que la constitution a reçu son complément et a été perfectionnée précisément par les mesures contre lesquelles vous vous récriez.

L'ancienne assemblée, connue sous le nom de *Convention nationale*, malgré son renversement, et le renversement de ses institutions, peut, avec raison, se glorifier d'avoir constamment vu survivre, dans la presque-totalité de ses membres, cet esprit si caractéristique d'indépendance et de bouleversement qui leur fait constamment méconnaître toute autorité autre que celle qu'ils désirent s'arroger, et ne leur permetra jamais de voir le bonheur de la France et la liberté, que dans l'anarchie la plus complette, telle que fut celle dans laquelle nous précipita la Convention; ou dans une oligarchie à la fois démagogique et sanguinaire, telle que fut celle de 1795, sous les cinq directeurs, tandis qu'au contraire (et ceci est prouvé par l'expérience) la prospérité d'un état, le bonheur et la liberté des citoyens ne sont (en France surtout) jamais mieux garantis que lorsqu'ils reposent sur l'autorité d'un souverain, qui, de concert avec ses ministres, agit en tout conformément au vœu de la majorité, et anéantit, par ce moyen, toute espèce de conflit entre l'autorité et le peuple.

D'après la définition qu'a faite M. Carnot, de l'état social, il est naturel de conclure que c'est d'un conflit d'opinions et de prétentions que sont nées nos discordes civiles ; tel est en effet son sentiment sur les causes de notre malheureuse révolution. La frayeur qu'en éprouve son imagination lui fait trouver difficile de porter un jugement impartial sur ce qu'il appelle l'état social. Il est aisé de sentir qu'en effet un jugement impartial, dans une semblable discussion, doit être non-seulement difficile pour M. Carnot, mais encore tellement au-dessus de ses forces, qu'il ne pourrait pas être juge impartial sans être juge contre lui-même. Le souvenir des postes divers qu'a successivement occupés M. Carnot dans tous les gouvernements qui se sont succédé en France depuis 1792, influencerait nécessairement son jugement ; or, toute influence, quelle qu'elle soit, met le jugement en défaut. Premier motif de se tenir en garde contre les raisonnements de M. Carnot.

D'abord il prétend que *la manière de déci-*

der la plupart des questions, se trouve justifiée par les écarts dans lesquels nous entraî-
nent souvent les théories abstraites; et ce qu'il
apporte en preuve de cet étrange paradoxe,
sont les funestes effets de la révolution. Il faut
avouer, certes, qu'on ne peut s'y prendre
mieux pour répondre à quiconque reprochera
à M. Carnot d'avoir voté la mort de Louis XVI.
Il prétend que *le public est trompé par ceux qui
affectent de dire que Louis XVI n'a été condamné qu'à une très-petite majorité*. Mais,
nous savons aussi que M. Carnot en impo-
serait, s'il osait soutenir le contraire; et il
est de fait, d'après son principe, que quand
on s'en prendra à M. Carnot et à la très-petite
majorité de ceux de ses collègues qui con-
damnèrent Louis à mort, ils se croiront suffi-
samment justifiés, en nous apprenant que
l'horrible catastrophe qui termina les jours de
ce prince infortuné, ne fut qu'un *écart théo-
rique*. Avouons que cette manière de justifier
nos décisions n'est pas moins singulière qu'ai-
sée. La convention a décidé que le Roi serait
mis à mort; le Roi, bien certainement, ne méritait pas la mort; mais, indépendamment de
ce qu'il y avait d'inique dans la décision de la
convention, le Roi n'en a pas moins été mis à

mort ; donc les théoriciens régicides qui l'ont condamné sont justifiés. En vérité, le raisonnement est étrange ; cependant il est juste, s'il est vrai que notre manière de décider une question, se trouve justifiée par les écarts dans lesquels nous nous serons laissé entraîner.

La révolution, poursuit M. Carnot, *fut préparée par une foule d'écrits purement philosophiques*. Mais, bon Dieu! quelle philosophie, que celle qui apprit aux hommes à verser tant de sang! à s'égorger les uns les autres! Moins de philosophie, je pense, nous aurait laissé bien plus d'humanité. Et certes, s'il le faut, vivent encore nos vieux préjugés, tout absurdes qu'ils puissent être! Les hommes, à coup sûr, étaient moins à plaindre sous le règne de ce qu'on appelle les préjugés de nos pères; qu'ils ne le sont sous le règne de cette barbare philosophie, qui bientôt ne sachant plus contre qui tourner ses armes, finira par les tourner contre ses propres partisans. Que messieurs les philosophes et leurs dignes suppôts, messieurs les révolutionnaires, reprochent à la superstition son intolérance; qu'ils parlent, s'ils l'osent encore, des vêpres siciliennes, des croisades, de la Saint-Barthélemi et de l'inquisition. Si notre manière de décider les ques-

tions abstráites se trouve justifiée par les écarts
dans lesquels nous entraîne ordinairement la
théorie, il faut convenir que ces messieurs, à
commencer par M. Carnot lui-même, ont fort
mauvaise grâce à faire le moindre reproche à
ce qu'ils appellent la superstition. Quand ils
auront justifié aux yeux de l'humanité, aux
yeux de la raison, aux yeux de leurs contemporains et de la postérité, les horribles
massacres de septembre, les affreuses sentences
de ce tribunal de sang où siégeaient les révolutionnaires, les assassinats commis sous Robespierre, les noyades d'un Charrier, les gla-
cières d'Avignon, les cruautés atroces ordonnées et exécutées à Lyon, à Reims, à Meaux,
à Versailles, à Nismes, à Nantes, par des pa-
triotes, agents d'une assemblée qui se disait
nationale; par des monstres honorés du titre
de représentants du peuple, dont ils n'étaient
que les bourreaux; quand, dis-je, ils auront
justifié tant de forfaits et tant de crimes, il faut
convenir que la superstition aura depuis long-
temps mérité son pardon. Les vieux préjugés,
dont les peuples étaient imbus, l'ancienne ma-
rotte de nos rois, la tyrannie supposée des nobles, la rapacité prétendue du clergé, et même
les excès auxquels se sont portés par intervalles

certains frénétiques, qui ne connaissaient pas
plus la religion que ne la connaissent les furieux qui, depuis trente ans, cherchent à la
détruire, les croisades, la Saint-Barthélemi, et
même l'inquisition, sont de bien faibles griefs
auprès de ce que nous avons vu dans la révolution si *philosophiquement* amenée.

Malgré cette exaltation qu'avaient produite
dans les âmes les principes philosophiques;
exaltation qui aurait dû conduire l'état social
à son plus haut point de perfection, si les principes d'après lesquels on donnait l'impulsion
aux révolutionnaires, eussent été dans l'ordre
immuable de la nature, malgré cette exaltation, dis-je, les révolutionnaires conviennent
aujourd'hui de leur folle méprise; ils avouent
que la révolution ne les a conduits que dans
les *régions imaginaires ;* qu'en poursuivant le
bonheur national ils n'en ont atteint que le
fantôme ; ils reconnaissent l'impossibilité d'une
république sans anarchie, la chimère d'une
liberté illimitée sans désordre, et l'extrava-
gance de leur système parfait d'égalité sans
factions. M. Carnot dit même que l'*expérience*
les a cruellement détrompés. Tant il est vrai
qu'il est au ciel une providence qui veille à ce
que les hommes reçoivent chacun selon ses

œuvres. C'est sans doute par un de ces secrets qui passent notre faible intelligence, que nous voyons la plupart de ces fiers républicains, de ces apôtres de l'égalité qui ne voulaient reconnaître ni ordres distinctifs, ni titres de noblesse, porter aujourd'hui avec toute l'affectation de l'orgueil féodal les croix, les cordons et autres chamarrures de la même espèce. Sans doute M. Carnot était loin de penser, lorsqu'il votait la proscription des anciens comtes et autres nobles, qu'il deviendrait un jour comte et noble lui-même ; ils étaient loin de penser, le citoyen Carnot et autres citoyens, lorsqu'ils poussèrent la démence jusqu'à défendre par un décret les anciennes dénominations d'*excellence*, d'*altesse*, de *monseigneur* et de *monsieur*, qu'un jour viendrait où eux-mêmes se pavaneraient à l'ombre de tous ces titres fastueux, et que, non contents d'avoir ravi à cette classe de Français qu'ils appellent la classe privilégiée, ses biens et ses priviléges, ils lui raviraient encore ses titres et ses prétentions.

O hommes faux ! pervers ! égoïstes et barbares ! hommes cruels et hypocrites ! venez donc nous vanter aujourd'hui votre philosophie, et vos principes ; venez donc nous prêcher l'égalité et la fraternité, vils tyrans de

vos semblables, vils spoliateurs de vos frères !
Vainement vous voudriez afficher des regrets.
Il n'est pas dans votre cœur impur, ni dans
votre âme noire, une seule arrière-pensée que
votre conduite n'ait mise en évidence. *Que nous
reste-t-il*, dites-vous, *de tant de chimères vainement poursuivies ? Des regrets, des préventions contre toute perfectibilité, le décou-
ragement d'une multitude de gens de bien
qui ont reconnu l'inutilité de leurs efforts.*
Il vous reste des regrets ! quoi ! encore des
regrets ? est-ce que que vous ne seriez pas contents de tout ce que vous avez fait ? Ne voudriez-vous pas peut-être rétablir la convention et vos tribunaux révolutionnaires ? Ne
voudriez-vous pas de nouveau décréter la guillotine en permanence et lâcher encore dans
toutes les provinces de la France ces dogues
dévorateurs, que vous lachâtes autrefois sous
la dénomination si cruellement ironique de *Re-
présentans du peuple ?* Il vous reste des *préven-
tion contre toute perfectibilité ;* ceci est plus
aisé à concevoir que vos regrets. Il est certain
qu'après nous avoir bercés si long-temps de
fausses espérances ; après nous avoir parlé
tant de fois de la liberté et de l'égalité, pour
n'offrir ensuite à ndtre attente que le despo-

tisme d'un tyran, et à nos yeux que l'humiliant spectacle d'une foule de gens qui forment son cortége, et dont la grossière altesse, ou la ridicule excellence ne date que d'hier, il est certain qu'un tel résultat doit avoir laissé des préventions. Mais ces préventions sont bien loin d'être au désavantage des nouveaux messeigneurs. Qu'ils y prennent garde pourtant ; rien n'est plus contagieux que le mauvais exemple ; tel qui est sorti de la roture, pour devenir duc, ou comte, ou baron, pourrait bien à son tour, victime *de la lutte continuelle,* céder aussi son poste, comme on le lui céda. Mais revenons.

Vous succombez, hommes qui vouliez être libres, et par conséquent tous les crimes vous seront imputés, dit M. Carnot, en parlant à ses confrères ; *vous êtes des coupables auxquels on veut bien pardonner* provisoirement, *à condition que vous reprendrez vos premières chaînes, rendues plus pesantes par un orgueil si long temps humilié, et retrempées au nom du ciel dans l'esprit des vengeances.*

Vous succombez, hommes qui vouliez être libres ! Mais en vérité, M. Carnot, une telle réflexion met en défaut, sinon votre bon sens, au moins votre courage. Comment ! c'est en

juillet 1814 que vous vous apercevez seulement de la défaite des Jacobins! oh! non ;
vous saviez dès la bagarre de Saint-Cloud,
que les républicains avaient succombé; et si
vous ne le leur avez pas dit plus tôt, ce n'a pas
été faute de sens pour le comprendre ; mais
faute de courage pour le dire sous Bonaparte,
qui ne vous aurait pas permis de le dire de la
même manière que vous le dites sous Louis
XVIII, et encore bien moins sur le même ton.
Si les crimes de la révolution sont imputés aux
révolutionnaires, il est faux que ce soit parce
qu'ils succombent; c'est parce qu'ils ne sau-
raient être imputés à d'autres qu'à ceux qui les
ont commis, qu'on les impute, et qu'ils seront
toujours imputés à vos soi-disant défenseurs
de la liberté. Vous les appelez des *coupables*, et
vous avez raison ; pour être dite ironiquement
ou en riant, la vérité n'en est pas moins vérité ;
vous êtes des coupables, cela est vrai; *à qui
l'on veut bien pardonner provisoirement*, cela
est faux, et d'autant plus faux que c'est de
vous-même que vous le dites. Le bon , le généreux Louis XVIII peut bien avoir eu dans le
cœur la pensée de vous pardonner, il peut
bien même vous avoir pardonné en effet ; mais
qu'il l'ait dit ; jamais. Il oublie tout , voilà ce

qu'il a dit. Pourquoi détourner le sens de ses paroles ? Pourquoi lui faire dire ce qu'il n'a jamais dit ? Cet excès de genérosité de la part d'un monarque, offusque-t-il donc tant vos projets ultérieurs, que vous ne puissiez vous dispenser d'en ravaler la noblesse, et d'en faire méconnaître le prix ? Et ce mot *provisoirement* que vous avez si malignement souligné, pourquoi l'ajoutez-vous au mot *pardonner ?* A quelle fin, à quel propos l'avez-vous souligné ? Les mots *provisoire* ou *provisoirement* sont-ils nulle part dans les proclamations du roi ? Se trouvent-ils nulle part dans la constitution ? Et chaque fois qu'il a cru devoir vous rassurer contre les terreurs et les bourrellements de votre conscience, Louis n'a-t-il pas constamment ajouté au mot *oubli*, celui d'*entier ?* Chaque fois qu'il a promis d'oublier le passé, n'a-t-il pas dit que l'oubli serait un oubli général, et qu'il ne reviendrait jamais sur ce que des individus pourraient avoir dit ou fait durant son absence ? Pourquoi donc, M. Carnot, vous plaît-il de mettre ce mot *provisoirement* , et d'ajouter ensuite comme par surcroît, je dirai presque de fausseté et d'impudence : *à condition que vous reprendrez vos premières chaînes, rendues plus pesantes par*

un orgueil si long-temps humilié, et retrem-
pées au nom du ciel dans l'esprit des ven-
geances ? D'abord Louis XVIII vous a promis
un entier oubli, et il vous l'a promis sans condition. Ensuite que veut dire monsieur Carnot,
par *premières chaînes ?* Veut-il parler de celles
que Bonaparte fit peser sur les républicains,
comme sur les royalistes, et sur l'humanité
presqu'entière ? Ou s'il entend par *premières*
chaînes, notre retour à l'ancien gouvernement ?
Cette interprétation serait assez conforme au
sens de M. Carnot, surtout quand il ose avan-
cer que ces prétendues *chaînes ont été ren-*
dues plus pesantes par un orgueil si long-temps
humilié (ce qui fait allusion à l'exil de la famille royale), *et retrempées au nom du ciel*
(allusion aux sentimens religieux de cette même
famille), *dans l'esprit des vengeances.* Mais
si par *premières chaînes*, il entend notre retour
à l'ancien gouvernement ; de quel nom appel-
lera-t il aujourd'hui notre soumission à Bonaparte ? et si les chaînes que nous avaient rap-
portées les Bourbons, ont été rendues plus
pesantes par un orgueil si long-temps humilié ;
combien celles de Bonaparte, que M. Carnot
baise si lâchement, ne vont-elles pas être in-
supportables quand on fait réflexion que c'est

le despotisme abattu et comprimé qui nous les rapporte ? Quand on fait réflexion que ce n'est pas *au nom du ciel*, mais *au nom de l'enfer*, qu'elles ont été retrempées dans le fiel de la fureur et des vengeances ?

« Vous succombez, pouvons-nous dire aussi
» à notre tour , hommes qui vouliez être
» heureux , et qui vouliez le repos de la
» France. Vous succombez, et par conséquent
» tous les crimes vont vous être imputés.
» Vous êtes des coupables à qui l'on ne par-
» donnera pas même *provisoirement* ; vous
» reprendrez vos chaînes, vous rentrerez dans
» vos affreux cachots, pour de là marcher à
» l'échafaud, si mieux vous n'aimez vous con-
» damner à l'exil pour échapper à la serre de
» cet aigle cruel. S'il en est parmi vous que
» la politique fasse juger nécessaire d'épar-
» gner, ne vous y trompez pas, c'est à con-
» dition que vous serez les premiers à préco-
» niser vos vainqueurs et vos tyrans, à confesser
» que la main qui vous enchaîne est une main
» libératrice, et que la verge qui vous frappe
» est la verge d'un bon père. »

Vainement vous avez tout oublié ; on ne vous en accusera pas moins de vous avoir voulu rap-porter des fers. On ne fut jamais plus ingrat ;

c'est aux révolutionnaires qu'il était réservé de montrer tant d'impudeur. Ils osent vous demander *quelle fut votre conduite pendant la révolution ?* Mais qu'ils nous disent donc ce qu'a été la leur , et nous leur répondrons que la nôtre fut ce qu'a été celle de tous les gens de bien. Nous leur répondrons qu'à l'exemple des Athéniens sous les trente tyrans , nous nous sommes exilés d'une patrie qui n'était plus, pour la justice, les mœurs, la probité, pour la vertu, l'humanité et la religion, qu'une terre de proscription ; nous leur dirons que nous n'avons jamais souillé nos mains ni du sang de nos frères , ni du sang de nos rois ; que nous n'avons jamais siégé , ni dans les assemblées du sans-culotisme, ni dans aucun de ces tribunaux devant lesquels il suffisait d'être innocent et vertueux pour être condamnés , et coupable ou scélérat pour obtenir des éloges ; nous leur dirons que nous n'avons jamais figuré, ni parmi les Danton et les Robespierre, ni parmi les Jacques-Roux et les Simon. Et lorsqu'ils nous demanderont si nous avons *bien le droit de les accuser des maux que nous avons souf- ferts,* nous leur répondrons que nous en avons d'autant plus le droit, que tous ces maux ne nous sont venus que d'eux ou par eux. Oui, c'est des révolutionnaires que sont venus non-seulement les maux que nous avons soufferts ; mais encore tous les maux de la France, et tous ceux qui ont inondé l'Europe depuis plus de vingt ans. C'est d'eux et par eux que sont venus d'abord les démagogues, ensuite les anarchistes, et enfin le despote. Vainement voudraient-ils aujourd'hui détourner par leurs déclamations absurdes, l'inculpation de régicide qui pèse sur leur tête et que la postérité leur confirmera. Les noms d'assassins et de régicides qu'ils voudraient pouvoir rendre réversibles sur la France entière et particulièrement sur vous, leur sont confirmés depuis long temps par l'opinion ; c'est pour s'y soustraire, qu'ils cherchent à vous les faire partager, en égarant par toutes sortes de ruses et de stratagêmes cette même opinion. Ils vont jusqu'à vous attribuer dans leurs écrits le rôle infâme, autant qu'ignoble et pervers, qu'ils jouent eux-mêmes dans la société. *Vous ressemblez*, disent-ils, *à ces filoux qui, pour détourner les soupçons de leur personne, crient au voleur plus haut que tous les autres, pendant qu'ils cherchent à se perdre dans la foule.* Le tour, il faut en convenir, n'est pas mauvais. Il est à observer pourtant, que si vous criez au voleur plus haut que tous les autres, au moins n'avez-vous pas crié les premiers, et messieurs les républicains ont-ils encore ici, comme en mainte autre circonstance d'asséz pénible mémoire, l'avantage de l'initiative. Cette farce, dont les baladins devront peut-être compte un jour à M. Carnot, peut bien faire des dupes au premier abord ; mais comme tout finit par se savoir, les dupes cesseront, et le crime dans toute sa honte restera pour être vu. Peut-être aussi leurs vues sont-elles plus reculées, et par les clameurs qu'ils ont soin de jeter les premiers, pensent-ils étouffer le cri de la vindicte publique, qui ne voit qu'en frémissant ces grands coupables oser encore faire trophée parmi nous de leurs plus odieux forfaits. Peut-être pensent-ils atténuer dans vos âmes timorées le ressentiment qu'ils vous supposent, ainsi que le châtiment qu'ils devraient subir dans le cas où, mettant de justes bornes à votre trop généreuse facilité, vous viendriez à user du droit de représailles envers eux.

Quoi ! continue M. Carnot, en faisant parler les victimes de la révolution et les fidèles serviteurs du Roi, quoi ! *Ce ne sont pas ceux qui ont voté la mort du Roi qui sont les régicides ? Non* , a-t-il ensuite le courage de reprendre lui-même. Et *oui* , répondrions-nous , si l'évidence des faits et l'opinion générale ne démentait M. Carnot , oui , ce sont ceux qui ont voté la mort du Roi qui sont les régicides. Cessez donc de démentir le cri de votre conscience, M. Carnot ; et convenez que si les régicides *sont ceux qui ont pris les armes contre la mère-patrie* , personne ne mérite plus le nom de régicide que les membres de la Convention nationale qui , après avoir condamné Louis , se servirent des enfants mêmes de la patrie pour déchirer la patrie , et faire couler le sang de tout ce qu'il y avait encore d'hommes purs dans son sein. Le Roi et ceux de ses sujets qui l'ont suivi dans les pays étrangers ne peuvent pas plus être accusés d'avoir servi même dans les rangs étrangers contre leur patrie , que ne le pourrait être de servir contre lui-même M. Carnot , et tout individu qui, chassé du sein de sa famille par une horde de brigands , chercherait à y rentrer en faisant dans ses propres domaines la guerre à ces brigands.

Qu'on ne dise pas qu'en votant la mort de Louis XVI , les conventionnels l'ont votée comme juges constitués par la nation. C'est un mensonge des plus impudents, n'en déplaise à ceux qui l'avancent.

Il est faux que la nation eût établi la convention nationale pour juger Louis. Il est encore plus faux que, dans le cas où ils auraient réellement eu de la nation le droit de juger Louis, ils ne soient *comptables envers personne* de leur jugement. Vous en êtes comptables envers la nation , juges iniques , si toutefois vous avez été juges , et c'est la nation qui vous en demande compte aujourd'hui. C'est l'Europe entière , qui s'élève aujourd'hui contre vous et se réunit aux cris de votre conscience coupable , pour demander justice du sang de l'innocent. Vainement demandez - vous aujourd'hui à être mis au nombre de ces juges qui se trompent , et réclamez-vous la même indulgence qu'on accorde à la faiblesse de notre raison , ou au défaut de lumières. D'abord vous n'étiez pas juges , parce que vous ne pouviez vous constituer juges vous-mêmes , et que la nation ne vous avait point établis pour juger Louis : vous n'étiez pas juges , puisque vous ne pouviez l'être sans cumuler tous les pouvoirs , et que déjà les lois d'alors s'opposaient à ce que le législateur pût jamais faire lui-même l'application juridique de la loi qu'il avait portée. Vous n'étiez pas juges, et plusieurs d'entre vos coopinants le sentaient d'autant mieux, qu'ils refusèrent constamment de donner leur aveu à vos iniques manœuvres. De quel droit voulez-vous aujourd'hui avoir été, en votant la mort du meilleur des Rois, dans le même cas que tous les juges qui se trompent ? Vous prétendez, si vous vous êtes trompés, ne vous être trompés qu'avec la nation entière qui a provoqué le jugement ; mais si vous n'en imposez, du moins vous vous trompez encore, et tellement que vous mîtes vous-mêmes en délibération si le Roi pouvait être jugé : délibération qui mettrait en défaut la convention dans le cas même où le jugement de Louis aurait eu lieu d'après le vœu de la nation. Car des deux choses l'une ; ou la nation a voulu que Louis fût jugé, ou elle ne l'a pas voulu ; et dans l'un et l'autre cas vous êtes horriblement compromis. Si le vœu de la nation était que Louis fût jugé, de quel droit avez-vous mis en délibération, s'il le serait ou ne le serait pas ? Le vœu national ne devait-il pas être indépendant de toute délibération, et ne devait-il pas avoir force de loi, au sein de l'assemblée nationale comme partout ailleurs ? Je suppose que le résultat de votre délibération eût été que Louis n'était pas *jugeable* pour me servir de l'expression de quelques-uns de vos collègues, qu'aurait donc fait l'assemblée ? Aurait-elle éludé le vœu de la nation ? Mais s'il est une fois prouvé que la convention a été disposée à éluder le vœu de la nation, qui peut nous assurer qu'elle ne l'a pas réellement éludé en s'attribuant le droit de juger Louis ? Tout ne contribue-t-il pas au contraire à prouver qu'elle l'a effectivement éludé, et que loin d'avoir provoqué cet affreux jugement, la nation l'aurait indubitablement fait retomber sur la tête de ceux qui le prononcèrent, si de leur côté des monstres n'eussent pris toutes les mesures tant pour tromper la nation que pour la priver de l'honneur de sauver son roi.

Mais, disent-ils, *une preuve de l'adhésion du peuple au jugement et à la condamnation de Louis, c'est que des milliers d'adresses sont venues des communes, et toutes manifestaient des dispositions conformes à ce qu'avait fait la convention* (1).

O hommes faibles, coupables et embarrassés ! quoi ! c'est dans de pareilles adresses que vous allez chercher votre justification ! Avez-vous donc oublié que ceux qui signèrent ces adresses n'étaient que vos émissaires, et que s'il en est d'autres qui ayent adhéré à votre odieux jugement, ils ne l'ont fait que pour sauver leur vie et leur fortune, ou bien encore parce que vous les aviez trompés sur le compte de leur roi ; et qui sait même si la plupart de ces adresses n'ont pas été extorquées ou supposées ? Mais je veux encore que ces adresses vous ayent véritablement représenté les intentions du peuple envers le roi, toujours est-il vrai que vous ne deviez pas les préjuger ces intentions, et que vous n'avez pu sans crime les supposer aussi atroces que vous les avez fait paraître. Mais il est faux que telles ayent été les intentions du peuple : la stupeur et l'espèce d'anéantissement général où s'est trouvée la capitale, et où se sont trouvées toutes les provinces en apprenant la mort de Louis, prouvent bien que cet horrible attentat ne fut que l'œuvre d'une troupe de factieux, et non le résultat du vœu général. Une assemblée d'hommes à jamais exécrables a bien pu tromper la nation sur le fait de son roi et sur le jugement inique prononcé contre lui par cette horde de furieux ; mais qu'elle se soit trompée elle-même en adhérant à ce jugement, c'est ce que la France démentira à jamais. L'adhésion de quelques misérables que la faction régicide avait mis à la tête des communes, ne peut pas être regardée comme une adhésion générale ; et tel était alors le pouvoir des factieux, que l'homme qui eût osé le moins du monde improuver la scélératesse des tyrans qui nous gouvernaient, aurait payé de sa tête sa généreuse imprudence. Que messieurs les conventionnels prétendent encore se donner des complices dans la personne des souverains avec lesquels ils ont traité, c'est ce qui ne doit étonner personne. *S'ils se sont trompés*, dit M. Carnot en parlant de ceux qui ont voté la mort de Louis XVI, *ils se sont trompés avec toutes les nations de l'Europe qui ont traité avec eux, et qui seraient encore en paix avec eux, si les uns et les autres n'eussent été également victimes d'un nouveau parvenu.*

En vérité, M. Carnot, vos raisonnements sont aussi pitoyables que votre justification. Quoi ! parce que les nations n'étant pas assez fortes pour résister au torrent de la révolution française, se sont vues forcées, non de traiter, comme vous le dites, avec la convention,

mais de capituler avec la bravoure de nos soldats, on en conclura que toutes les nations de
l'Europe ont aussi voté la mort de Louis XVI !
ou qu'elles ont aussi donné leur adhésion à ce
que ce prince fût décapité ! Oh! ceci est trop
fort, M. Carnot, c'est par trop insulter vos
malheureux contemporains.

Quant à l'inculpation que vous nous faites
de n'être *venus qu'après la tempête*, d'avoir
refusé notre aide à ce roi que nous plaignons,
de lui avoir fait *sacrifier à notre cupidité les
ressources du trésor public; de l'avoir engagé, par la perfidie de nos conseils, dans
le labyrinthe dont il ne pouvait plus sortir
que par nos propres efforts; de lui avoir refusé impitoyablement les dons gratuits qu'il
nous demandait;* nous n'avons, M. Carnot,
à tout cela qu'une réponse à vous faire, c'est
que, parmi toutes ces inculpations, celles qui
ne sont pas gratuites, ou fausses, ou controu-
vées, sont au moins à votre honte et à votre
éternel déshonneur; elles sont l'opprobre des
révolutionnaires, et si je me dispense d'y répondre, c'est bien plus pour sauver à mes
lecteurs l'effrayant souvenir des odieux forfaits
et des atroces manœuvres de la convention,
que pour manquer de raisons justificatives.

Nous ne sommes *venus*, dites-vous d'abord, *qu'après la tempête!* et quand donc fallait-il venir, pour venir au gré de M. Carnot ? n'est-ce point peut-être dans le temps que la guillotine était en permanence, ou bien lorsque, par les ordres d'un despote, des sbires violant à la fois et les traités et le droit des gens, allaient jusque sur les terres étrangères saisir les victimes que leur rage avait besoin d'immoler (*).

Nous avons refusé notre aide à ce roi que nous plaignons! A ce roi que nous plaignons! Ne nous fera-t-on pas encore un crime de le plaindre ? Hommes farouches! parce que vous n'avez qu'un cœur de bronze, vous voulez que les larmes que nous répandons sur le sort déplorable du meilleur des rois, ne soient que des larmes affectées! Quoi! il ne vous suffit pas d'avoir outragé l'humanité, vous voulez encore outrager la nature! vous voulez nous interdire jusqu'à la sensibilité! *Nous lui avons refusé notre aide à ce roi que nous affectons de plaindre!* Mais en quoi avons-nous pu servir le roi, et ne l'avons-nous pas fait ? quand est-ce que nous lui avons refusé notre aide ? Lorsque, le 28 février 1791, un mou-

------

(*) Le duc d'Enghien.

vement eut lieu dans Paris, et que des hommes soudoyés par des agents de la révolution, menaçaient publiquement les jours de Louis XVI, ceux que vous qualifiez aujourd'hui de transfuges ne furent-ils pas les premiers à veiller à la sûreté du roi, et ne seraient-ils pas indubitablement venus à bout de le sauver, si, trop confiant envers les perfides qui siégeaient à l'assemblée nationale, Louis ne leur eût intimé lui-même l'ordre de se retirer ? *Sire,* lui dit un de ces braves, *nous sommes votre fidèle noblesse qui accourons pour défendre votre personne sacrée. — Ma personne,* lui répartit le monarque, *est en sûreté au milieu de la garde citoyenne ; si vous voulez me défendre, c'est sous l'uniforme qu'elle porte qu'il faut vous présenter : remettez-moi vos armes.* De bonne foi, M. Carnot, votre reproche est-il fondé ? Des hommes qui sacrifiaient leur vie pour le roi, pouvaient-ils lui refuser leur fortune ? Et si ce roi dont la convention a trahi l'excessive confiance, envers qui elle a violé jusqu'aux droits de l'hospitalité, ne se fût opposé, avec tout l'ascendant de son autorité royale, à ce qu'on la traitât comme elle le méritait, elle et cette multitude abusée qu'elle avait à sa solde ; pensez-vous que vous seriez aujourd'hui en état de nous accuser comme

vous le faites ? pensez-vous que vos vues dé-
sorganisatrices auraient eu les résultats affreux qu'elles ont eus ? Non, l'assemblée nationale aurait subi le sort qu'elle méritait ;
elle eût été massacrée comme l'ont été les
Suisses et autres fidèles serviteurs du roi ; vos
Marseillais et vos sans-culottes eussent été ha-
chés et mitraillés , si Louis n'eût pas enchaîné
notre zèle en nous faisant défense de tirer sur
des malheureux qu'il persistait à regarder
comme faisant partie de son peuple, à qui il
ne cessait de donner le nom de Français et
qu'il avait la bonté d'appeler ses enfants. Quant
aux *ressources du trésor public* que vous prétendez nous avoir été prodiguées , nous ne craignons pas de vous en donner le démenti for-
mel ; et s'il faut encore vous convaincre de
l'imposture, nous vous renverrons à la lecture
du plaidoyer en faveur de Louis à qui vous
avez voulu faire le même reproche, mais que
M. de Sèze a si victorieusement réfuté. Nos
perfides conseils, selon vous, ont précipité
Louis XVI dans l'abîme *dont il ne pouvait*
plus sortir que par nos propres efforts. Mais
oubliez-vous, M. Carnot, que c'est parce que
nos conseils n'ont pas été suivis , au contraire,
que Louis a si déplorablement fini sa carrière?

oubliez-vous que c'est pour avoir trop aveuglément donné les mains aux actes de la convention, que tous les maux sont arrivés ? Vous demandez ce qu'ont fait pour le roi *les notables*, *le clergé*, *la noblesse* ; ils ont tout fait. Vous avez voulu leurs biens, ils vous les ont abandonnés ; vous avez voulu la révolution, elle a eu lieu ; vous avez voulu leur sang, vous en avez été abreuvés ; que vous faut-il encore pour que nous ayions consommé tous les genres de sacrifices ?

Mais, à notre tour, Monsieur, qu'il nous soit permis de vous faire aussi des questions. Si, ni les notables, ni le clergé, ni la noblesse n'ont rien fait pour le roi, qu'ont fait les jacobins, la convention, le directoire, pour le peuple et la liberté ? qu'ont fait vos représentants du peuple ? Ils ont démoralisé la France, ils ont fait couler le sang de tout ce qu'il y avait de plus marquant parmi les gens de bien, ils ont amené le désordre et l'anarchie ; en un mot, ils ont tout fait pour le malheur de la génération présente, et celui même de plusieurs générations futures : voilà ce qu'ils ont fait, voilà ce qui doit les couvrir d'une honte éternelle, eux, leurs enfants et les enfants de leurs enfants.

(41)

Vous nous accusez d'avoir abandonné Louis à la merci de ceux que nous avions irrités contre lui; vous nous demandez si c'était aux républicains à défendre avec des paroles, dans une tribune, celui que nous n'avions pas su défendre avec notre épée. Mais en quoi vous avons-nous irrités? quel mal vous avons-nous fait qui pût vous irriter? à moins que ce n'ait été en nous soustrayant au sort affreux que vous nous réserviez. Nous ne pouvons comprendre quel sujet d'irritation nous vous avons donné ; convenez plutôt que vous n'aviez d'autre sujet de vous irriter que de ne pas voir assez promptement vos victimes immolées ; convenez que, tout républicains que vous étiez, vous n'aviez pas encore abjuré le nom d'homme, et qu'en cette dernière qualité, si Louis ne méritait pas d'être épargné comme roi, il était homme comme vous, et avait des droits à votre protection. Vous la lui avez brutalement refusée ; vous avez insulté jusqu'à sa douleur; vous vous êtes disputé l'affreux plaisir de l'outrager, de l'abreuver d'amertumes et d'ajouter à la cruelle angoisse de son agonie des mortifications inouïes et sans nombre. C'est vous qui dirigiez tous ces mouvements populaires dont vous affectez aujourd'hui de dire que vous auriez été victimes en prenant la défense de Louis ; c'est vous qui fomentiez le désordre ; c'est avec l'argent d'un des membres de votre assemblée que les factieux donnaient l'impulsion à tous ces mouvements ; c'est dans vos clubs jacobins que vous arrétiez d'avance vos diverses mesures pour soulever la classe indigente à qui vous ne promettiez pas moins que la souveraineté, la richesse et les honneurs dont toutefois vous avez bien su vous emparer vous-mèmes, pour ne vous en départir que lorsque le *nouveau parvenu* se mit à votre place ; et à l'aide de quelques hochets qui n'étaient pas sans rapports avec les décorations des anciens nobles que vous aviez dépouillés et proscrits, il vous fit consentir à vous contenter des rôles secondaires.

Louis n'était déjà plus roi lorsqu'il fut jugé : sa perte était inévitable. Et pourquoi, s'il vous plaît ? *Il ne pouvait plus régner du moment que son sceptre était avili.* Mais de ce qu'il ne pouvait plus régner, fallait-il qu'il mourût ? fallait-il qu'il fût, avant sa mort, outragé par la convention comme il l'a été ? fallait-il que cette même convention violât à son égard toutes les lois et tous les droits comme elle l'a fait? Au surplus, *son sceptre était avili!* Mais qui l'avait avili, ce sceptre? n'est-ce pas la convention? *Louis ne pouvait plus vivre du moment qu'il n'y avait plus moyen de contenir les factions.* Mais, insensés que vous êtes, si ce n'est pas la convention qui fomentait elle-même les factions, si ce n'était pas dans son sein que siégeaient les premiers factieux; ignorez-vous que la mort de Louis, loin d'arrêter les factions, ne devait faire que les irriter, et que lors même qu'il n'y aurait pas eu, pour régner après Louis XVI, l'infortuné Louis-Charles son fils, il restait de cette auguste famille d'autres princes qui auraient pu renouveler les factions pour rentrer dans l'héritage de leurs pères? Non, vous ne l'ignoriez pas. Aussi est-ce bien moins la crainte des factions qu'une rage infernale, une soif inconcevable du sang royal de Louis, qui vous a fait poursuivre sa mort avec tant d'acharnement.

Expiez, nous dites-vous avec une sacrilège ironie, *expiez, vous ne pouvez faire mieux, votre ingratitude envers Louis XVI par des prières publiques, par des services annuels dans les temples.* Il est inutile de répondre encore à l'inculpation d'ingratitude dont il paraît que vous avez résolu de vous décharger sur nous, M. Carnot. Mais supposez que nous ayions des expiations à faire pour crime d'ingratitude envers Louis XVI, au moins nous nous acquittons par des prières publiques, par des services annuels dans les temples; mais vous, M. Carnot, comment expiez vous le crime affreux de régicide dont votre conscience est souillée? comment expiez-vous les assassinats commis au nom d'une assemblée dont vous étiez membre influent? comment expiez-vous la lâcheté avec laquelle vous avez souscrit à tant d'ordres inhumains, à la férocité d'un Robespierre, à la perversité de vos co-directeurs?

Par la bizarrerie des événements, vos faibles adversaires sont devenus les plus forts, dites-vous ; *les ennemis du nom français avec lesquels ils s'étaient ligués, s'étant mis dix contre un pour vous combattre, sont entrés sans résistance dans la capitale, et un instant a suffi pour effacer vingt ans de gloire ; ceux qui avaient fui au moment du danger, sont revenus triomphants à la suite des bagages, et par ce moyen vingt ans de victoires sont devenus vingt ans de sacrilèges et d'attentats.*

Oui, M. Carnot, par la bizarrerie des événements, ou peut-être aussi par un décret de la providence, vos faibles ennemis sont devenus les plus forts ; et vous devez d'autant plus leur savoir gré de la conduite qu'ils tiennent à votre égard, que si jamais, lorsque la force était de votre côté, ils eussent eu le malheur de tomber entre vos mains, comme vous êtes tombés vous et les vôtres entre les leurs, vous vous seriez encore désaltérés dans leur sang, tandis qu'ils laissent librement circuler le vôtre dans lequel seul peuvent être expiés vos forfaits.

Les ennemis du nom français avec lesquels ils s'étaient ligués ! Vous vous trompez, en désignant comme ennemis du nom français des peuples qui, en combattant contre vous, n'ont fait que combattre pour leur liberté. Les ennemis dont vous voulez parler étaient les ennemis du tyran de la France, de celui qui voulait asservir l'Europe entière sous sa domination de fer ; mais ils n'étaient point, comme vous le prétendez, les ennemis du nom français ; ils n'ont point effacé la gloire de la France ; ils ont constamment reconnu la différence qui existait entre le caractère national des Français et le caractère faux, trompeur, cruel et sanguinaire, de ceux qui ont gouverné la France depuis vingt ans. Il est si vrai que le caractère français et notre gloire nationale n'ont jamais été méconnus, qu'après avoir vaincu la tyrannie, ceux que vous appelez gratuitement ennemis du nom français, n'ont pas porté la moindre atteinte au territoire de la France ; au contraire, pouvant se la diviser s'ils l'eussent voulu, ils lui ont cédé jusqu'à une grande partie des conquêtes qu'ils avaient faites sur elle. Le nom français n'eut jamais d'ennemis, si l'on en excepte les républicains et les tyrans, qui depuis 1791 n'ont cessé, jusqu'à ce jour, de bouleverser et les hommes et les peuples.

Mais poursuivons : la comparaison qu'établit M. Carnot entre le vil conspirateur de l'ancienne Rome et ceux qui depuis si long-temps conspirent contre tous les gouvernements de l'Europe, entre Cromwel et Napoléon, est bien digne de celui qui la fait et de ceux qui en sont l'objet. Oui, il n'est qu'un Catilina qui puisse ressembler à ceux qui, comme lui, tenaient, au commencement de la révolution, des assemblées secrètes où s'ourdissaient les plus infâmes complots contre la patrie et contre le souverain. Cet homme couvert de crimes, comme la plupart de nos jacobins, *eût été le bienfaiteur de Rome*, à peu près comme ceux-ci l'ont été de la France ; comme eux, il eût fait massacrer tous les gens de bien, tous ceux qui, par leur fortune, leurs charges ou leurs dignités, pouvaient offrir un appât à la vile populace qui formait son parti.

Nous passerons sous silence l'interminable et insignifiante citation que fait M. Carnot des *Offices* de Cicéron ; un examen de cette citation ne nous conduirait qu'à démontrer encore à M. Carnot que la chute du gouvernement républicain, comme celle du gouvernement impérial, ne fut que le résultat de la tyrannie de l'un et de la cruauté des autres. Et si la clémence connue de César n'empêcha pas Cicéron de traiter cet empereur de tyran, et d'approuver l'attentat commis sur sa personne, de quel nom la clémence plus connue encore de Louis XVI nous permettra-t-elle d'appeler ceux des membres de la convention qui l'ont assassiné, non comme les Romains assassinèrent César, en conspirant contre lui, mais comme des juges qui se portent à la fois et comme juges et comme accusateurs, et même comme bourreaux, contre celui qu'ils veulent égorger ? de quel nom la clémence de

Louis XVI nous permettra-t-elle d'appeler des hommes qui, pour faire couler plus impunément le sang de leur victime, ont osé se parer du manteau de la justice, se sont attribué eux-mêmes les pouvoirs qu'ils n'avaient pas, et par ce stratagème aussi inhumain qu'insolite et sacrilège, en se jouant des principes les plus sacrés et les plus universellement reconnus, en tournant en dérision les formes judiciaires qu'eux-mêmes avaient décrétées, ont fini par assouvir leur brutale rage sur celui qu'ils devaient épargner à tous égards?

Sans réprouver totalement ni admettre la doctrine des auteurs payens dont M. Carnot demande pourquoi les livres servent de base à notre instruction publique, nous lui dirons qu'il n'est pas possible de faire une plus mauvaise application que celle qu'il fait des passages qu'il nous cite. Cicéron parle de César comme d'un tyran ; mais s'il ne le fut pas dans toute l'extension du terme, toujours conviendra-t-on qu'il fut au moins l'oppresseur de sa patrie, qu'il asservit à sa domination les Romains ses égaux, ce qu'il n'a pu faire sans intervertir l'ordre préexistant, et par conséquent sans nuire au plus grand nombre de ses concitoyens. Il y a loin de César expirant sous les coups du sénat dont il avait envahi les droits et les prérogatives, à Louis XVI assassiné par une assemblée à qui il avait tout accordé, à qui il s'était livré lui-même, au sein de laquelle, en un mot, il était venu demander un asile et chercher une protection. Si César fut assassiné, il ne le fut que parce qu'il asservissait sa patrie; au lieu que Louis ne l'a été que pour avoir trop accordé de liberté aux représentants de la France. Si Louis eût aussi peu craint que César d'opprimer ses concitoyens, jamais Louis n'aurait succombé, et loin d'être assassiné par la convention, il eût mis la convention pour jamais dans les fers. La différence donc qu'il y a entre l'assassinat de César et l'assassinat de Louis, est en ce que, sans avoir été précédé ni de formes judiciaires ni d'aucun jugement, le meurtre de César fut un meurtre presque légitime; au lieu que, malgré quelques formes préalables de justice, le meurtre de Louis ne peut se justifier et sera toujours un meurtre contre les lois. Vainement, pour se soustraire à l'inculpation de régicide, prétend-on nous opposer les livres saints : *La doctrine du régicide y est établie par les prophètes, les rois y sont rejetés comme les fléaux de Dieu; les fa-*

milles égorgées, les peuples exterminés par l'ordre du Tout-puissant ; l'intolérance furieuse prêchée par les ministres du Seigneur plein de miséricorde. Mais en vérité, M. Carnot, *si les citations de la Bible vous paraissent détestables,* comme vous le dites, et que vous n'y ayiez recours qu'à regret, et seulement pour nous *montrer que votre justification est dans nos livres,* nous pouvons bien, sans prétendre vous payer de retour, assurer que celles que vous faites ont encore un autre défaut, c'est celui d'être aussi fausses que détestables. Nous ne trouvons nulle part dans la Bible *que la doctrine du régicide ait été établie par les prophètes,* nous ne voyons nulle part *les rois rejetés comme les fléaux de Dieu.* Les mauvais rois ont quelquefois été donnés de Dieu dans sa colère ; mais ce n'est pas là ce que vous avez voulu dire. Quant *aux peuples égorgés, exterminés par l'ordre du Tout-puissant,* nous avouons qu'on les y trouve ; mais comme la question est étrangère au régicide, nous nous dispensons d'y répondre (2).

Il est établi, dites-vous, *avec raison en principe, chez les nations civilisées, que la personne des rois est inviolable et sacrée ;*

(51)

*mais le sens de ce principe et son application
ne sont pas bien déterminés. On demande,
par exemple,* continuez-vous, *si cette maxime
a lieu seulement pour les souverains légitimes, ou si elle doit avoir également lieu pour
les usurpateurs ; on demande ce qui distingue
un usurpateur d'un roi légitime ; on demande
si l'on doit regarder comme sacrés et inviolables les Tibère, les Sardanapale, les Néron,* etc. etc. etc.

Je vais tâcher, Monsieur, de répondre à
toutes vos demandes catégoriquement : non
toutefois que je pense être infaillible dans ces
matières ; mais au moins c'est sur des principes que seront basées mes réponses, et les
voici.

D'abord *on demande si cette maxime a lieu
seulement pour les souverains légitimes, ou si
elle doit avoir lieu également pour les usurpateurs.* Nul doute que la maxime ne doit
avoir lieu que pour le souverain légitime ; cependant elle a lieu quelquefois pour l'usurpateur : nous en déduirons les raisons dans notre
réponse à la demande suivante.

*On demande ce qui distingue positivement
un usurpateur d'un roi légitime.*

Pour répondre à cette question, nous allons

distinguer deux sortes d'usurpations : l'une violente et sans le consentement du peuple ; et dans ce cas, bien certainement, la personne de l'usurpateur n'est ni inviolable ni sacrée ; l'autre sans violence et avec le consentement du peuple, mais consentement surpris ou extorqué, soit en dérobant au peuple la connaissance du véritable état des choses qui le concernent ou qui concernent le souverain légitime, soit en l'abusant par des promesses flatteuses ou autrement ; et dans ce cas la personne de l'usurpateur, sans être ni inviolable ni sacrée, doit néanmoins être regardée comme telle par chaque individu faisant partie du peuple dont il a usurpé le gouvernement. Par exemple, Napoléon fut un usurpateur ; mais il n'est pas un Français qui n'ait dû regarder sa personne comme inviolable et sacrée, tant que les Bourbons n'étaient pas rentrés dans la jouissance de leurs droits. D'où je conclus que ce qui distingue positivement l'usurpateur du prince légitime, ce sont les moyens justes ou injustes qu'emploie pour obtenir la souveraineté celui qui y parvient.

On demande si l'on doit regarder comme sacrés et inviolables les Tibère, les Néron, etc.

Avant de répondre à cette dernière question, nous demanderons nous-mêmes comment les Tibère, les Néron et autres sont parvenus à la souveraineté; y sont-ils parvenus légitimement? Notre réponse est : Oui, les Tibère, les Néron, etc. étaient inviolables et sacrés pour chaque individu faisant partie des peuples qu'ils gouvernaient, mais non pour le corps de la nation qui pouvait non-seulement destituer de pareils monstres, mais encore les proscrire et permettre qu'il leur fût couru sus comme à des bêtes fauves.

En dernier résultat, vous établissez que c'est la force qui décide de tout. Vous étiez les plus forts, voilà pourquoi vous avez eu raison en faisant mourir le Roi; mais puisque c'est là que devait se terminer votre justification, il n'était pas nécessaire de faire un livre pour vous justifier, il n'était même pas nécessaire que vous missiez Louis en jugement : Louis était le plus faible, vous étiez les plus forts; c'était clair, c'en devait être assez. Et en effet, vous n'avez pas d'autres motifs plausibles à nous donner de la mort à laquelle vous l'avez condamné.

Il n'y a pas de bon droit sans la force.
Quoi, M. Carnot, c'est vous, c'est un homme

d'état qui ose émettre une pareille proposition ! *Il n'y a pas de bon droit sans la force !*
Mais vous n'avez donc pas réfléchi qu'une
telle maxime, si elle n'était atroce, serait du
moins à la honte de votre raison. Il est faux,
si les Bourbons ont eu raison pendant neuf
siècles, et s'ils ont encore eu raison dernniè-
rement (ce qui n'est pas une question), que
ce soit parce qu'ils ont été les plus forts : ils
ont eu raison sous le règne de la convention
et sous celui du directoire, comme ils avaient
eu raison auparavant, et ils n'ont pas eu plus
raison sur le trône dont Bonaparte était dé-
chu, qu'ils n'avaient eu raison à Mittau ou au
château d'Arthwel.

Les Bourbons, selon vous, n'auront raison
qu'autant qu'ils seront les plus forts. Vous
vous trompez : en perdant leur force, les
Bourbons peuvent, comme cela est déjà arrivé, perdre aussi leur trône et leur couronne ;
mais ils ne perdront jamais leurs droits. Je ne
prétends pas qu'ils ayent au trône de France
un droit exclusif, et que, si le vœu du peuple
français était que la dynastie si ancienne des
Bourbons fût remplacée par une nouvelle,
cette famille, chère d'ailleurs à tous les vrais
et bons Français, dût persister à vouloir ré-

guer sur la France. Non, dans cette hypo-
thèse, les Bourbons devraient renoncer au
trône, et s'ils n'y renonçaient, alors seulement ils cesseraient d'avoir raison, fussent-ils
encore les plus forts.

A l'arrivée des Bourbons, *l'allégresse ne se
soutint qu'un moment*; mais cette allégresse,
qui l'a troublée, qui l'a fait disparaître, ou
plutôt pour qui a-t-elle été troublée, pour qui
a-t-elle disparu? Les amis de la paix, ceux
qui voulaient le bonheur de la France, la prospérité de notre commerce, le repos de nos
familles, ceux en un mot qui voulaient le bien
général, se sont-ils jamais plaints du gouvernement des Bourbons? Si une jeunesse pétu-
lante, sans principes ni sur la morale ni sur
l'équité; si une jeunesse imbue des principes
d'une fausse gloire, principes au surplus dont
les fondements étaient d'autant moins solides
qu'ils n'étaient basés que sur les faveurs pas-
sagères de la victoire; si, dis-je, la jeunesse
d'aujourd'hui se montrait d'un caractère un
peu différent de celui qu'aurait désiré trouver
en elle un gouvernement doux et pacifique,
la chose n'était pas sans remède. Et nécessairement Louis XVIII devait trouver parmi cette
bouillante jeunesse quelques têtes récalci-

trantes qui, ne voyant pas dans un état de paix de quoi alimenter cette habitude de la guerre qui est devenue presque un besoin, devaient marquer du mécontentement jusqu'à ce que les habitudes eussent pris une autre direction et que les esprits eussent embrassé pour sujet d'émulation et pour principe fixe de gloire nationale, ou le perfectionnement de nos manufactures, ou le rétablissement de notre commerce, ou l'amélioration de notre sol, ou la fondation de nouveaux établissements utiles, ou enfin tout autre objet d'un avantage plus réel et plus légitime que celui des conquêtes. C'est donc à tort que M. Carnot prétendrait que l'amour de la gloire doit être, comme il l'a été depuis vingt ans, le seul principe admissible pour former aujourd'hui la jeunesse française. Le caractère national est susceptible de recevoir plus d'un attribut distinctif, comme nous pourrions en donner la preuve.

Et quand M. Carnot insinue que le caractère national a été offensé par la conduite qu'a pu tenir Louis XVIII envers le prince régent d'Angleterre, nous ne craignons pas de dire qu'ici, comme en bien d'autres endroits, M. Carnot dénature à la fois et les intentions, et les faits, et les circonstances. Il dénature les intentions, en supposant que celles de Louis XVIII auraient été d'humilier un peuple pour la prospérité et la gloire duquel il ne cessa jamais de faire des vœux. Il dénature les faits, en ce que jamais Louis n'a reconnu tenir ni son trône ni sa couronne de qui que ce soit, que de l'amour de son peuple; il le dit en propres termes, dans la déclaration qu'il publia le jour de son entrée dans la capitale de la France. M. Carnot dénature encore les circonstances, en confondant avec Louis, chef suprême de la France, et parlant au nom de son peuple, Louis abandonnant la terre de son exil, et témoignant à ceux qui lui avaient fourni un asyle les sentiments expansifs de sa sensibilité et de sa reconnaissance.

Lorsque ses compatriotes (de Louis) volaient à sa rencontre pour lui décerner la couronne d'une voix unanime, on lui a fait répondre qu'il ne voulait pas la recevoir de leurs mains; qu'elle était l'héritage de ses pères... Il est impossible, M. Carnot, de s'y prendre mieux que vous ne vous y prenez pour arriver à vos fins. Votre intention est d'aliéner le peuple français de son roi; votre intention est de renverser encore une fois le trône des Bourbons : rien de mieux à faire pour cela que d'employer l'arme du ridicule. *On lui fait répondre !* Ne semble-t-il pas que Louis soit un enfant qui ne sait pas encore ce qu'il doit dire ? *On lui fait répondre !* Mais de grâce, M. Carnot, qui est-ce qui lui fait répondre ? Louis XVIII, rentrant dans l'héritage de ses pères, n'était-il pas environné de tout ce que la France a de plus distingué et par ses lumières et par son patriotisme ? Qui donc aurait osé, qui aurait même pu dicter au roi une réponse aussi déplacée que celle que vous lui prêtez ? Au reste, M. Carnot, depuis assez long-temps nous gardons à votre égard toutes les mesures possibles : qu'il nous soit permis de dire une fois pour toutes, avec cette franchise qui nous est naturelle, que vous en imposez.

Nous n'avions pas calculé nos sacrifices pour recouvrer le fils de Louis IX et de Henri IV; nous lui avions applani le chemin du trône... Dans notre vive satisfaction, nous avions spontanément abandonné nos conquêtes. Mais quels *sacrifices* a donc faits M. Carnot pour *recouvrer le fils de Saint-Louis ?* qu'a-t-il fait pour *lui applanir le chemin du trône ?* Il a adhéré *aux mesures du* gouvernement provisoire ; mais pouvait-il, sans se rendre coupable de rébellion, en agir autrement ? *Il a renoncé aux limites naturelles de la France ;* mais ces limites naturelles n'avaient-elles pas été déjà franchies par les armées alliées ? et les provinces situées entre ces limites naturelles et la France d'aujourd'hui, n'avaient-elles pas été envahies depuis long-temps ?

Toutes les forces de l'Europe n'auraient pu en dix ans nous arracher ces superbes provinces. Mais lorsque les alliés sont entrés dans Paris, ne nous les avaient-ils pas déjà enlevées ces superbes provinces ? ne nous avaient-ils pas même enlevé une portion de notre patrie ?

Si ce que vous dites, M. Carnot, n'était que déraisonnable, on pourrait se dispenser d'y répondre ; mais puisque l'injustice s'en mêle, il faut bien que quelqu'un relève vos erreurs. Ce n'est point parce que vous avez adhéré aux mesures du gouvernement provisoire ; ce n'est point parce que vous avez abandonné spontanément vos conquêtes, ni parce que vous avez laissé envahir ces superbes contrées que vous regrettez et que nous regrettons tous, que les Bourbons nous ont été rendus ; c'est le peuple français qui les a re-demandés ; c'est le besoin de cicatriser nos plaies qui les a fait revenir. Cessez donc de nous dire, avec ce ton d'impiété et de raillerie qui sied mal à un vrai Français, que c'est sans l'assentiment de son peuple et seulement *par la grâce de Dieu*, que Louis est roi de France.

Louis s'était fait précéder par des proclamations qui promettaient l'oubli du passé, qui promettaient de conserver à chacun ses places, ses honneurs, ses traitements. Comment ses conseillers lui ont-ils fait tenir ses promesses ? Comment ils les lui ont fait tenir, M. Carnot ? Comme il devait les tenir. S'il a chassé du sénat ceux qui pouvaient paraître coupables à ses yeux, nous avons déjà exposé les justes motifs qu'avait Louis XVIII d'en agir ainsi. Au surplus, de quoi pouvez-vous avoir à vous plaindre ? Vous étiez sous Louis ce que vous aviez été sous Napoléon. Vous avancez dans votre mémoire qu'on excluait avec soin, *des emplois secondaires, ceux qu'avait pu égarer un amour excessif de la liberté.* Mais toujours des inculpations gratuites, M. Carnot ! Pourquoi, je vous prie, taxez-vous d'égarement tous ceux qui, par des mesures d'économie ou autres motifs, se sont trouvés sans emploi d'après la nouvelle organisation des divers ministères ? Pourquoi les représentez-vous comme devant être prochainement livrés aux tribunaux et proscrits ? D'après quel principe, je vous prie, se trouvent-ils, *par le fait de leur démission*, dont la cause est universellement connue, *signalés à l'animadversion de leurs concitoyens, comme suspects et indignes de la confiance du gouvernement ?* Si jamais il pouvait être vrai qu'on les regardât comme suspects, ne serait-ce pas à M. Carnot lui-même qu'ils devraient s'en prendre du malheur qui pèserait sur eux, et de l'injustice dont ils seraient victimes ?

Si les militaires sont encore un peu ménagés ; si l'on veut bien leur pardonner leurs victoires, qu'on se contente d'appeler impies, la raison s'en devine aisément. Vous seul, Monsieur, avez appelé impies les victoires qu'ont remportées nos soldats ; vous seul, Monsieur, nous les représentez comme susceptibles d'être pardonnées. Cette idée vous est propre, car elle n'a jamais pu entrer dans la pensée d'aucun Français. *Oh ! vous écriez-vous, combien de faits héroïques sont con-*

damnés à l'oubli, s'ils ne sont pas mis au nombre des forfaits!... *Oh!* pouvons-nous nous écrier aussi, *combien de forfaits demeurent dans l'impunité, si Louis met tout en oubli, et qu'il ne fasse justice à son peuple de ceux qui l'ont trompé! — Les promesses d'un roi devraient rassurer tous les citoyens.* Mais qui sont les citoyens que les promesses du roi n'eussent pleinement rassurés! qui sont ceux qui se sont jamais *défiés de l'arrière-pensée du prince?* Vous jugez de ce que fera Louis d'après ce que vous feriez vous-même si vous étiez à sa place et qu'il fût à la vôtre.

Mais vous avez grandement tort, M. Carnot. Louis a tout oublié; et s'il vous plaît de regarder son oubli comme un pardon, c'est que loin de tout oublier à la place de Louis, vous auriez été plus juste et n'auriez pas même pardonné.

Le retour des lys n'a point produit l'effet qu'on attendait; la fusion des partis ne s'est point opérée.... Il n'y a ni rapprochement, ni abandon. Mais s'il n'y a *ni rapprochement ni abandon,* est-ce notre faute? Si vous rougissez de paraître parmi des frères que vous avez si long-temps et si injustement persécutés, en sommes-nous cause ? Nous avons tout oublié ; pouvons-nous faire mieux ? *Il n'y a ni rapprochement ni abandon!* Mais ni les révolutionnaires, ni les régicides surtout, sont-ils susceptibles d'éprouver le charme d'un doux abandon , d'un rapprochement sincère? Les bourrellements auxquels l'horrible conscience de ces derniers doit être en proie, ne s'opposent-ils pas, sans qu'il y ait de notre faute, à ce qu'ils puissent jamais supporter l'aspect de l'innocence et de la vertu?

Si vous voulez paraître à la cour avec distinction ; gardez-vous bien de dire que vous avez été un de ces vingt-cinq millions de citoyens qui ont défendu leur patrie.....; car on vous répondrait que ces vingt-cinq millions de citoyens sont vingt-cinq millions de révoltés.... Mais il faut dire que vous avez eu le bonheur d'être chouan, ou vendéen, ou transfuge, ou cosaque, ou Anglais...... Alors, votre fidélité sera portée aux nues, vous recevrez de tendres félicitations , des décorations, etc. etc. C'est, sans doute, parce qu'ils se sont défendus d'avoir combattu pour la patrie ; c'est parce qu'ils se sont vantés d'avoir été chouans, vendéens, transfuges ,

cosaques ou Anglais, que tous nos maré-
chaux, sans en excepter un seul, la plupart
de nos généraux, la presque-totalité de nos
anciens sénateurs, et mille autres Français,
dont M. Carnot ne saurait qu'admirer les
talents et les vertus, ont paru avec distinction
à la cour, ont reçu de tendres félicitations,
de nouvelles décorations, et des réponses
affectueuses de toute la famille royale.

Convenez, M. Carnot, qu'on ne peut avec
plus de cynisme insulter à-la-fois son souverain, ses frères d'armes, ses compatriotes
et la nation presqu'entière. C'est pour avoir
été chouans, transfuges, cosaques ou Anglais, que des héros, l'orgueil, la gloire et
la sûreté de la France ; les immortels Ber-
thier, Moncey, Augereau, Victor et tant
d'autres, ont été accueillis affectueusement
par leur souverain ! M. Carnot aurait mieux
aimé que, pour paraître à la cour avec distinction, il n'eût fallu que se vanter d'avoir
été ou jacobin, ou terroriste, ou septembri-
seur, ou régicide. Les titres qu'il aurait pu
présenter auraient mieux valu pour lui que
ceux qu'on y exige ; il en aurait pu présenter
de nombreux ; mais chacun a son tour,
M. Carnot ; le vôtre était passé : il est revenu

avec Bonaparte ; il faut espérer qu'il passera encore, et que celui des gens de bien reviendra.

S'il nous fût resté quelque chose de tant de travaux et de victoires, nous l'eussions regardé comme un trophée, auquel nous eussions aimé à rattacher nos souvenirs. Oui, cela est vrai, et nous pensons comme vous, M. Carnot. Mais s'il ne nous est rien ou presque rien resté de tant de travaux, à qui devez-vous vous en prendre ? Est-ce nous qui avons traîné et abandonné dans les plaines sauvages de la Moscovie, la plus belle comme la plus formidable armée qui fut jamais ? Est-ce nous qui avons fait perdre à la France ses limites naturelles, offertes tant de fois et toujours refusées ? Est-ce nous qui avons effacé la gloire de la nation ? Non, M. Carnot, non ; jamais la gloire de la nation ne nous fut importune, au contraire ; nous nous fussions complus avec vous et les braves, à contempler les hauts faits de nos soldats ; et si la gloire nationale était devenue votre idole, Dieu nous est témoin, M. Carnot, que nous avons fait tout ce que nous avons pu pour la sauver cette idole qui nous est tout aussi chère qu'à vous.

Nous trouvons dans nos cœurs un vide

semblable à celui qu'éprouve un amant qui a perdu l'objet de sa passion. Tout ce qu'il voit, tout ce qu'il entend renouvelle sa douleur. Eh bien ! nous la partageons cette douleur ; nous regrettons de n'y pas voir de remède. Mais encore une fois, est-ce à nous que vous devez vous en prendre ?

C'est un aveuglement bien déplorable que celui d'un parti presque imperceptible, qui, admis à partager une gloire que rien ne saurait effacer, affecte de dégrader tout ce qui la constitue ; et semble n'être rentré dans le sein de la mère-patrie que pour l'avilir, après l'avoir long-temps déchirée. Si ce passage ne prouve le délire de M. Carnot, on ne peut disconvenir qu'au moins il ne décèle et ne montre dans tout son jour, son irascibilité et sa mauvaise foi. N'était-ce pas M. Carnot qui, il y a un instant, jérémiadait si fort sur la perte de notre gloire, et qui maintenant parle *d'un parti admis à partager cette même gloire ? D'un parti qui affecte de dégrader tout ce qui la constitue ?* Elle existe donc encore, cette gloire, puisque nous la partageons ? Elle existe donc encore, puisque nous affectons de dégrader ce qui la constitue ?

Oui, M. Carnot, oui elle existe encore

cette gloire, et elle existe dans toute sa plé-
nitude ; la gloire de la nation française est
impérissable ; rien ne saurait lui porter atteinte ; et tout en renonçant à l'odieux honneur de partager la gloire des Jacobins et
des révolutionnaires régicides , nous décla-
rons à la face de l'univers , que nous ac-
ceptons avec reconnaissance toute la part que
la nation voudra bien nous laisser à la sienne,
à cette gloire pour le salut de laquelle nous
n'avons jamais cessé de faire des vœux au
ciel ; à cette gloire dont M. Carnot a la mauvaise foi de méconnaître l'existence ; à cette
gloire dont il affecte de déplorer la perte
quoiqu'elle soit impérissable ; et quand M.
Carnot nous accuse de la dégrader cette gloire,
nous pouvons lui répondre , qu'il n'est pas
moins en contradiction avec lui-même , que
lorsqu'il nous accuse d'avoir déchiré notre
patrie , nous qui n'y sommes rentrés , selon
lui, qu'à la suite des bagages ; comme s'il
voulait nous faire un crime de n'avoir pas
tiré le sabre contre nos anciens compatriotes,
qui ignoreraient encore , si M. Carnot ne le
disait dans son mémoire , qu'en faisant la
guerre aux alliés, ils la faisaient pour nous em-
-pêcher de rentrer dans notre patrie.

Il est certain qu'il n'y avait plus aucun parti en France lors de la déchéance de Napoléon. Il est certain qu'il y en a maintenant. Il peut se faire qu'il y eût en juillet 1814 des partis en France ; l'excessive facilité de Louis à promettre l'oubli de tous les torts passés, avait bien pu laisser dans l'esprit des jacobins surtout, l'espoir de fomenter encore de nouveaux troubles ; et quand M. Carnot nous dit qu'*assurément ce ne sont pas les anciens républicains qui les ont excités*, nous pouvons lui répondre aussi qu'*assurément* nous n'en savons rien, et que pour le croire nous avons besoin d'un témoignage moins suspect pour nous, que ne l'est celui d'un républicain. *Ce ne sont pas eux qui remplissent les journaux de diatribes contre eux-mémes.* Et pourquoi non, si c'est un moyen de parvenir à leurs fins ? M. Carnot ne voudrait-il pas nous faire croire qu'ils sont incapables d'user de tous les moyens possibles? *Ce ne sont pas eux qui font colporter des écrits incendiaires contre la charte constitutionnelle* ; pour cette fois nous voulons bien vous en croire, M. Carnot. Mais si ce ne sont pas les républicains, bien sûr ce ne sont pas les royalistes non plus ; et au définitif, il paraît, M. Carnot, que s'il a jamais existé d'*écrits incendiaires contre la charte* ce n'a guères été ailleurs que dans vos cartons , où probablement ils resteront encore jusqu'à ce que vous trouviez le moment favorable pour les faire colporter.

L'histoire entière du monde nous offre à peine quelques pages qui soient consacrées à décrire les effets de la véritable liberté. Mais cela n'est pas étonnant. La véritable liberté a toujours eu trop peu d'existence dans l'état social, pour qu'elle ait jamais pu obtenir de grands effets. *L'histoire dn monde , n'est que le tableau monotome de l'éternel abus du pouvoir,* c'est ce qui n'est pas exactement vrai. On pourrait bien vous citer des princes qui n'ont jamais abusé du pouvoir , les Antonin , par exemple , les Marc-Aurèle ; les Louis XII , les Henri IV , et une multitude d'autres. *On y voit........ des rois qui sont eux-mémes régicides et parricides ; des prêtres qui excitent au carnage et qui dressent des búchers de temps à autre.* Tout cela n'est que trop vrai, M. Carnot ; oui , nous avons vu des *rois étre régicides* , et des *prêtres exciter au carnage.* Mais que pouvez-vous induire delà ? Qu'il y a eu de mauvais rois et de mauvais prêtres , voilà tout. Et de ce qu'il y a eu de mauvais rois et de mauvais prêtres , est-ce un motif suffisant de persécuter constamment et indifféremment , tous les rois et tous les prêtres ? Etait-ce un motif de vous en prendre , comme vous avez fait , au bon , à l'innocent Louis XVI ? et , comme vous semblez encore le vouloir , de vous en prendre au généreux , au patientLouis XVIII?

Nous bornons ici nos observations sur le mémoire de M. Carnot ; la suite de son ouvrage renferme des principes auxquels il eût été à désirer qu'il se fût conformé dans les diverses circonstances de sa vie politique. Et après avoir relevé avec courage et impartialité les erreurs contenues dans sa brochure , nous nous faisons avec satisfaction un devoir de rendre justice à la sagesse de quelques-unes de ses vues et des moyens qu'il propose dans les dernières pages pour conduire l'état social en France au *maximum* de sa prospérité. Nous observerons seulement , comme nous l'avons déjà fait , que si l'honneur est le premier mobile de nos actions , s'il est le premier élément de notre esprit national , c'est à tort que M. Carnot n'en établit la base que sur des faits militaires. L'on peut au sein d'un atelier , aussi bien que dans un camp ; dans la paisible culture de nos campagnes aussi bien que dans le bruyant fracas des armes , inspirer aux Français un sentiment émulateur qui , au lieu de ne faire que des guerriers , ferait aussi des grands hommes dans tous les genres. Il ne serait peut-être pas impossible de prouver que le nombre des citoyens qui se sont fait remarquer dans la chaleur d'un combat , au fort d'une bataille, est au-dessous de celui des citoyens qui ont illustré leur pays par les résultats de leurs profondes et silencieuses méditations.

Puisse seulement la France , après avoir étonné l'Europe par la bravoure de ses guerriers, l'étonner encore par le génie et l'activité de ses habitants ! Puisse-t-elle la servir par les découvertes utiles que feront nos savants, par le perfectionnement des arts et par l'amélioration de son sol ! Puisse-t-elle en un mot, atteindre promptement ce *maximum* de gloire et de prospérité auquel on ne peut se dissimuler que Louis XVIII a toujours ambitionné de la conduire , et auquel il la conduirait infailliblement si l'on avait fait justice à la nation française des hommes odieux qui l'oppriment et attirent sur nous les armes de tous les peuples de l'Europe.

NOTES.

(1) Il nous est pénible d'en venir à accuser M. Carnot de manquer de franchise et de bonne foi. Les égards dus à sa personne et à son rang nous faisaient un devoir en quelque sorte, de ne pas dévoiler tout-à-fait son caractère. Aussi ne ferons-nous connaître de ses injustes procédés, que ceux qui ont trait à la question qui nous occupe; et si malgré notre réserve, M. Carnot se trouvait encore offensé, nous pourrions dire de lui ce que dit la reine Axiane, dans la tragédie d'Alexandre, en parlant de l'indien Taxile :

Au milieu du combat que venait-il chercher ?

Il serait difficile de mieux faire usage que M. Carnot de la maxime troyenne : *Dolus, an virtus, quis in hoste requirat?* Pour défendre une cause que tout le monde sait être celle du régicide, de l'anarchie et de l'usurpation, on ne doit pas être surpris de voir M. Carnot employer toutes sortes de moyens ; vrais ou faux, n'importe, tous sont dignes de sa cause : les suppositions gratuites ; les faits controuvés, ou dénaturés ; les assertions les plus absurdes ; tout est de son choix. Tantôt ce sont des écrits dangereux qui circulent clandestiment (écrits que personne ne connaît, qu'on n'a jamais vus, ni lus). Tantôt ce sont ses adversaires qui disent des choses auxquelles ils n'ont pas même pensé ; il leur supposera des intentions , des projets ; il représentera comme en danger la liberté des personnes et celle des consciences ; en un mot, jouant à la fois et le rôle de boute-feu et celui de pacificateur , M. Carnot craindra peu de compromettre même ses principes d'honnête homme , s'il le faut , pour sauver la cause qu'il défend.

Les émigrés , avance M. Carnot, *disent pour excuser le Roi , et pour s'excuser eux - mêmes , qu'il (le Roi) n'était pas libre , et que par conséquent il a pu violer des lois qu'on l'avait contraint d'accepter.* Si l'on demandait à M. Carnot qui sont ceux des émigrés qui disent cela , il est certain que M. Carnot se trouverait fort embarrassé de répondre , parce qu'il sait bien que le premier émigré qu'il nommerait démentirait ce qu'il avance. Quelle raison en effet pourraient avoir les émigrés de parler ainsi ? *D'excuser le Roi* , dit M. Carnot ; mais tous les émigrés savent bien que, jamais Louis XVI n'a violé aucune loi, pas même celles qu'on le contraignit d'accepter , et que par conséquent, il n'a pas besoin qu'on l'excuse. *Pour s'excuser eux-mêmes* ; mais ceci est encore une sottise ; car en quoi ce que M. Carnot leur fait dire , pourrait-il les excuser ? Les faits pour lesquels on supposerait que Louis aurait besoin d'excuse , sont postérieurs à l'acceptation de la constitution et par conséquent au principal grief, que l'on reproche aux émigrés , celui d'avoir déserté leur patrie. Mais si ces faits n'existaient pas encore lors de l'émigration (et bien certainement ils n'existaient pas en-

eore); il est absurde d'en vouloir tirer aucune justification en faveur des émigrés. Et certainement il n'est
pas un seul émigré qui ne sente que telle serait l'ob-
servation que lui ferait M. Carnot lui-même, si jamais
aucun d'eux pouvait être assez dépourvu de sens et de
raison, pour alléguer une pareille excuse. Aussi, dé-
fions-nous hardiment M. Carnot de nous citer aucun
émigré qui ait parlé comme il prétend les faire parler.
Mais, nous dira-t-on, quel intérêt peut trouver M.
Carnot à mettre dans la bouche des émigrés des choses
qu'ils n'ont jamais dites ? Nous répondons que M. Carnot
y trouve d'autant plus son intérêt, que ce n'est qu'en
faisant, comme nous l'avons déjà observé, des suppositions gratuites, qu'il trouve des raisons qui ont une
apparence de solidité. Par exemple, immédiatement
après avoir fait parler les émigrés comme nous venons
de le voir, M. Carnot trouve l'occasion de nous glissser
cette question relativement au roi captif. *Je demande
seulement si nous étions plus libres que lui ?* Et oui,
certainement, M. Carnot, vous étiez plus libres, et d'autant plus libres que lui, que vous l'avez jugé. Car,
ou vous étiez libres, ou vous ne l'étiez pas : si vous
l'étiez, pourquoi le voulez-vous nier aujourd'hui ? Si
vous ne l'étiez pas, pourquoi avez-vous prononcé son
jugement ? Dans le premier cas, vous êtes convaincus
de mauvaise foi ; dans le second, vous êtes coupables
de la plus noire trahison ; d'une lâcheté que le dernier
supplice ne saurait expier. Vous ne trouvez aujourd'hui
d'autres griefs à la charge de Louis que sa faiblesse ;
parce qu'il fut un roi faible, vous prétendez qu'il fut
aussi dangereux qu'un roi méchant ; mais si la faiblesse

de Louis, qui ne provenait que de son amour pour son peuple , vous a paru mériter le dernier supplice , je vous le demande , juges coupables , quelle peine doit être réservée à ceux qui ont eu la lâcheté de le juger contre leur conscience ?

Vous prétendez qu'on attaque ceux qui ont voté la mort du Roi, et qu'on n'attaque d'abord qu'eux pour n'avoir pas affaire à trop de monde en même temps ; mais une fois qu'on se sera défait de ceux - ci , les autres....... croyent - ils en être quittes ? Viendront ensuite..... deux millions de citoyens , dont les familles seront proscrites. Après ceux-là, ce seront les acqué-reurs de domaines nationaux , puis les nobles non émigrés , et enfin les défenseurs de la patrie.

M. Carnot , le plus mauvais citoyen , le plus acharné démagogue , le révolutionnaire le plus outré , ne parle-rait pas différemment. Vos déclamations sont presque celles d'un forcené qui ne respire que le trouble , le désordre et l'anarchie. Et quand après cela vous venez avec cet air doucereux et menaçant tout à la fois, nous demander si nous avons *déjà oublié ce que c'est que le réveil d'un peuple opprimé ?* Ne pourrions-nous pas vous répondre : gardez-vous en vous-même du réveil de ce peuple , qui , s'il fut opprimé , ne le fut que par vous et vos semblables.

(2) Vous nous citez le prophète Jéhu comme un ré-gicide. Vous seul , M. Carnot, pouvez nous dire si c'est par erreur ou par mauvaise foi, et dans la pensée que peut-être aucun de vos lecteurs ne vérifierait votre ci-tation. Il est faux que le prophète Jéhu ait jamais été

régicide. Nous vous défions d'en donner aucune preuve.

Il y eut un autre Jéhu qui fut roi d'Israel ; mais ce roi d'Israel ne fut jamais prophète. Il fit la guerre à Achab qui, percé d'une flèche lancée au hasard, mourut avant que le combat ne fût engagé. Ensuite, s'étant rendu au palais d'Achab, Jehu fit jeter par une fenêtre l'impie et la barbare Jésabel qui depuis long-temps tourmentait le peuple d'Israel, tant par les atrocités qu'elle ordonnait ou exécutait elle-même, que par celles qu'elle faisait ordonner ou exécuter par son lâche et cruel époux. Mais, je le demande, est-ce là établir la doctrine du régicide ?

Vous nous citez encore le prophète Samuel qui fit, à la vérité, mourir de sa propre main le roi des Amalécites ; mais parce que Samuel était prophète, s'ensuit-il qu'il ne pût exercer d'autres fonctions que celles de prophète ? Sa charge de grand-prêtre ne lui donnait-elle pas une autorité, sinon supérieure, au moins égale en quelque sorte, parmi les Juifs de son temps, à celle du roi ? Or, vous M. Carnot, qui ne reconnaissez d'autres droits que celui du plus fort, vous conviendrez que le roi d'Amalec ayant été vaincu par les Israélites, les chefs d'Israel ont pu le traiter selon leurs lois, sans établir pour cela la doctrine du régicide. Ce roi d'Amalec était d'ailleurs un roi qui, par ses crimes et son inhumanité, méritait la mort à tous égards ; ensuite, tout roi qu'il était par rapport aux Amalécites, vous ne pouvez pas dire qu'il le fût par rapport à ses vainqueurs, qui, en le faisant mourir, ne lui ont fait subir que le sort destiné par les lois d'alors aux vaincus.

Vous prétendez que si les princes ne lisent guère

l'ineffable doctrine du régicide, *les prêtres la lisent beaucoup, et que les jésuites la savaient par cœur.* Pour ce qui regarde les princes, nous répondons qu'ils sont bien les maîtres de ne la pas lire, comme de la lire ; l'un et l'autre doit être indifférent pour la cause que vous défendez. Quant aux prêtres que vous accusez faussement de la lire beaucoup, et aux jésuites que vous inculpez calomnieusement de l'avoir sue par cœur, nous répondons que quand même ce que vous leur reprochez serait vrai, comme ils ne vous ont jamais donné l'exemple du régicide-pratique, c'est à vous moins qu'à tout autre qu'il appartient de les citer pour votre justification ; mais il est publiquement reconnu et avoué par ceux mêmes dont les sentiments philosophiques sont les moins équivoques, que les jésuites ont été calomniés ; et Gresset, dont le témoignage doit être d'autant moins suspect qu'il fut l'ami connu de Voltaire, Gresset qui abjura publiquement la société de Jésus, et afficha peut-être le premier des principes de liberté et d'indépendance, Gresset enfin dont les sentiments n'ont certainement pas été ceux d'un dévot, n'a pas craint de les justifier. Voici comme il en parle à l'un de ses amis :

> Je dois tous mes regrets aux sages que je quitte.
> J'en perds avec douleur l'entretien vertueux ;
> Et si dans leurs foyers désormais je n'habite,
>   Mon cœur me survit auprès d'eux.
> Car ne les crois pas tels que la main de l'envie
>   Les peint à des yeux prévenus ;
> Si tu ne les connais que sur ce qu'en publie
>   La ténébreuse calomnie,
>   Ils te sont encore inconnus.
> Lis, et vois de leurs mœurs des traits plus ingénus.

Qu'il m'est doux de pouvoir leur rendre un témoignage,
Dont l'intérêt, la crainte et l'espoir sont exclus!
    A leur sort le mien ne tient plus;
L'impartialité va tracer leur image.
Oui, j'ai vu des mortels, j'en dois ici l'aveu,
    Trop combattus, connus trop peu;
J'ai vu des esprits vrais, des cœurs incorruptibles,
Voués à la patrie, *à leurs rois*, à leur dieu,
    A leurs propres maux insensibles;
Prodigues de leurs jours, tendres, parfaits amis,
    Et souvent bienfaiteurs paisibles
    De leurs plus fougueux ennemis,
Trop estimés enfin pour être moins haïs.
Que d'autres, s'exhalant, dans leur haine insensée,
    En reproches injurieux,
Cherchent, en les quittant, à les rendre odieux;
Pour moi fidèle au vrai, fidèle à ma pensée,
C'est ainsi qu'en partant je leur fais mes adieux.

Du reste, il n'est pas hors de propos d'observer ici que jamais la conspiration dirigée contre les trônes n'en serait venue à ses fins, si elle n'eût commencé par faire supprimer ce corps religieux. Tel est du moins le sentiment unanime de la saine portion des gens instruits. Et certes, les premiers conjurés, c'est-à-dire ces philosophes qui, de l'aveu même de M. Carnot, nous ont amené la révolution, sentaient bien que, loin d'être les doctrinaires du régicide, les jésuites, au contraire, étaient le plus solide appui des trônes et les plus sincères amis des rois; ils savaient, ces philosophes conspirateurs, que tant qu'ils n'auraient pas, au préalable, renversé les jésuites, tous leurs efforts seraient vains contre ce qu'ils appelaient entre eux la tyrannie et la superstition, c'est-à-dire contre le trône et contre l'autel.

Vous accusez les prêtres *d'avoir toujours cherché à profiter de la crédulité des peuples pour opprimer les rois.* Vous ne trouverez pas mauvais, M. Carnot, que nous démentions votre assertion, jusqu'à ce que vous nous ayiez cité des faits sur lesquels nous vous répondrons avec d'autant plus d'assurance que, si jamais les prêtres se sont trouvés en opposition avec les rois, ce n'a été qu'avec de mauvais rois, et pour garantir les peuples de l'immoralité et des désordres dans lesquels l'exemple contagieux de quelques souverains dépravés aurait pu les entraîner.

Quant aux *humiliations que les papes ont fait subir,* selon vous, *aux têtes couronnées,* il est bon de vous observer, M. Carnot, que si vous méconnaissez la religion du Christ, il n'est pas dit pour cela que tout le monde doive la méconnaitre. Il est vrai que, tout en prêchant la tolérance, les plus intolérants sont les philosophes, et qu'il n'est pas dans le christianisme de pratique religieuse qui n'irrite ces êtres atrabilaires; mais encore devons-nous justifier les papes d'avoir jamais fait subir des humiliations aux têtes couronnées; et vous saurez, M. Carnot, que, d'après les lois de l'église, si quelques souverains se trouvaient, par le scandale de leur conduite, mis hors du giron catholique, les papes, à qui seuls appartenait le droit de les réconcilier avec la religion qu'ils avaient abandonnée et dans laquelle ils demandaient à rentrer, n'ont pu faire autrement que d'exiger de ces souverains qu'ils renonçassent publiquement ou aux erreurs qu'ils avaient professées publiquement, ou à la vie scandaleuse qu'ils avaient menée en présence de leurs peuples, et pour laquelle l'église les avait exclus de son sein. Ainsi, loin d'avoir été des humiliations pour les têtes couronnées, les pratiques religieuses par lesquelles un souverain se réconciliait avec l'église, étaient des actes d'autant plus honorables pour lui, qu'ils servaient à lui faire recouvrer, non seulement l'estime et l'amitié des papes, mais encore l'estime et l'amitié des peuples qu'il gouvernait.

Existe-t-il une histoire plus scandaleuse que celle des vicaires de Jésus-Christ ? Oui, Monsieur ; car depuis dix-huit cents ans que nous avons des papes, à peine en pourrez-vous citer cinq à six dont la conduite fut en opposition avec les principes de la saine morale que tous les vicaires de Jésus-Christ, sans en excepter un seul, ont constamment professée, tandis que nous pouvons vous citer par milliers des jacobins, tous plus tigres, tous plus féroces, tous plus sanguinaires les uns que les autres, inhumains, déprédateurs, débauchés, sans principes, sans justice, sans mœurs ; et cependant depuis quand les connaît-on ? Leur histoire serait-elle bien celle d'un quart de siècle ? et vous demandez s'il existe une histoire plus scandaleuse que celle des papes ! Oui, Monsieur, l'histoire de nos philosophes révolutionnaires est à la fois plus scandaleuse, plus perverse et plus cruelle.

Que de guerres de religion n'ont-ils (toujours les papes) *pas fait entreprendre ? N'est-ce pas à eux qu'on doit les croisades, l'inquisition, la Saint-Barthélemi ?*

Quant à ce que vous appelez guerres de religion, si vous voulez prendre la peine de nous les citer, nous vous démontrerons par les faits mêmes de l'histoire qu'il n'y a pas une seule guerre dont la religion ait été la cause. Elle a souvent servi de prétexte à la vengeance, à l'ambition et aux autres passions humaines ; mais vous n'êtes pas sans comprendre, M. Carnot, quelle différence il y a entre ce qui est vraiment cause et ce qui n'est que prétexte. Quant aux croisades, les papes les ont encouragées, mais ne les ont jamais ordonnées. Pour ce qui regarde l'inquisition, ce sont en effet les papes qui l'ont établie, et nous convenons que ce tribunal a sévi dans bien des cas où la douceur de la persuasion et du raisonnement aurait peut-être mieux réussi que la rigueur des supplices ; mais de ce que des inquisiteurs ont passé les bornes d'une sage modération, est-il raisonnable d'en faire un crime au chef de l'église ? Vit-on jamais personne faire un crime au souverain des sentences injustes que peuvent prononcer les divers tribunaux d'un Etat ?

Vous attribuez encore aux papes la Saint-Barthélemi ; mais pourquoi ne leur attribuez-vous pas aussi les massacres de septembre ? Est-ce parce que vous ne voulez pas être démenti par vos contemporains ? mais pensez donc que vous l'êtes déjà par tous ceux qui nous ont transmis l'histoire de Charles IX, et même par ceux de vos contemporains qui connaissent comme vous l'histoire de la malheureuse journée de la Saint-Barthélemi.

N'étaient-ce pas les prêtres qui attisaient en chaire les fureurs de la ligue ? Non, Monsieur. Ce n'étaient pas *les prêtres*, mais *des prêtres*. Vous nous avez expliqué avec trop de justesse, la différence qu'il y a entre *l'honneur* et *les honneurs* pour ne pas sentir celle qu'il y a entre *les prêtres* et *des prêtres*.

6

Par *les prêtres* vous insinuez que ce sont les prêtres en général qui, par un principe commun à tous les ministres de l'église, auraient attisé en chaire les fureurs de la ligue; tandis que ce n'est pas cela; ce sont *des prêtres*; c'est-à-dire, quelques prêtres qui, par un faux zèle, ou par ignorance, ou par d'autres motifs plus ou moins excusables, ont outrepassé les fonctions de leur ministère. Mais, c'est comme nous l'avons déjà dit, et comme vous avez dû l'apprendre en logique; ce n'est pas d'après le fait d'un, et même de quelques particuliers qu'on peut argüer contre le corps en général.

Ne sont-ce pas eux qui ont mis frère Jacques-Clément au rang des Saints? Non, Monsieur; les prêtres n'ont pas plus mis Jacques-Clément au rang des Saints, qu'ils n'y ont mis, ni n'y mettront Jacques Roux et autres sicaires de la convention.

N'est-ce pas la Sorbonne qui la première proscrivit Henri IV?

Non, Monsieur; jamais la Sorbonne, ni aucune autre autorité ecclésiastique, pas même l'inquisition, n'ont proscrit qui que ce soit. Henri IV fut excommunié, mais il y a loin de l'excommunication à la proscription : l'excommunication, selon vos principes, ne peut faire aucun mal; tandis que la proscription, si elle planait sur votre tête, mettrait votre vie dans le plus grand danger.

Ne trouve-t-on pas des noms de moines et de jésuites dans tous les complots formés contre les souverains?

Non, Monsieur; il se trouve en effet dans quelques complots, le nom de quelques moines; mais encore une fois qu'en voulez-vous conclure? Sinon que parmi les moines, il s'est trouvé de loin en loin quelques mauvais moines , comme parmi les philosophes il vous est sans doute arrivé plus d'une fois de rencontrer de mauvais philosophes.

Le fanatisme et l'hypocrisie ont fait répandre plus de sang sur la terre que toutes les guerres politiques ensemble.

Cela peut être; au surplus, que la chose soit ou ne soit pas , peu importe à la cause que je défends; la religion et la justice réprouvent également et le fanatisme et l'hypocrisie. L'un et l'autre sont opposés aux principes du christianisme. Passons outre.

Faut il donc s'étonner que ces tartufes soient si opposés à tout ce qui peut démasquer leurs turpitudes, et tirer les peuples de la stupidité dans laquelle ils les retiennent ?

Vous prenez de l'humeur , M. Carnot, c'est fort mal-à-propos. Soyez calme , et nous raisonnerons. Jusqu'à présent vous avez eu tort , c'est prouvé; nous allons démontrer que vous avez encore tort, et si vous vous fâchez, vous aurez trois fois tort.

D'abord, M. Carnot, vous avez tort dès que vous insultez ; et vous ne disconviendrez pas que les expressions dont vous vous servez sont insultantes; elles décèlent une âme en proie à quelques transports de rage ; transports qui ne peuvent être occasionnés que par le dénuement total de bonnes raisons, dans lequel vous vous trouvez; elles annoncent en vous un cœur plein de fiel, et d'un fiel qui suinte jusque sur vos lèvres. *Ces tartufes !* Je pense que ce sont encore les papes , les jésuites et les prêtres que vous interpellez;mais quels que soient ceux que vous traitez ainsi , faites attention , M. Carnot,

que vous n'avez d'autre droit que celui de raisonner
avec eux, et que si vous êtes assez étranger aux règles
de la décence, et assez peu maitre de vous pour vous
laisser aller à imiter cette misérable espèce d'hommes
qui, pour toute raison, ne savent qu'invectiver devant
tout le monde ceux dont ils croient avoir à se plaindre,
vous vous exposez, non à être traité par vos adversaires
comme vous les traitez ; mais à être méprisé de tous les
hommes dont les sentiments sont nobles et élevés ; fussent-ils même aussi philosophes que vous, ils ne
pourraient s'empêcher de vous honnir. Peut-être bien
riront-ils de vos incartades au premier abord, mais
ils n'en riront que comme l'on rit, lorsqu'en pas-
sant sur une halle, ou en détournant le coin d'une
rue on aperçoit de misérables colporteurs, se jeter
de la boue et s'injurier. Ainsi vous avez encore
tort, M. Carnot, et d'autant plus tort que, si ceux que
vous traitez avec autant d'indignité, pouvaient oublier
un instant le respect qu'ils se doivent, et se servir envers
vous des mêmes armes dont vous vous servez contr'eux,
ils auraient encore sur vous tout l'avantage que doit
avoir la vérité sur le mensonge, et par conséquent toute
la gloire du triomphe.

*Faut-il s'étonner que ces tartufes soient si oppo-
sés à tout ce qui peut démasquer leurs turpitudes ?*
Leurs turpitudes ! Convenez, M. Carnot, que le mot
n'est pas seulement insultant ; il est indécent. *Et à ce
qui peut tirer les peuples de la stupidité dans laquelle
ils les retiennent ?*

Mais de bonne-foi, M. Carnot, vous ne craignez pas d'être
démenti ? Quoi ! ils retenaient les peuples dans la stupidité,

ces disciples des Benoit, des Bernard, des Augustin, des Ignace? Ces pères de l'Oratoire? Ces pères de la Mission? Et tant d'autres dont les veilles, et les talents ont été uniquement consacrés à faire revivre parmi nous, après plusieurs siècles de la plus grossière barbarie, ces fameux siècles de l'ancienne Grèce et de l'ancienne Rome? Ces siècles de lumière, de sagesse, de littérature et de bon goût? Ils retenaient les peuples dans la stupidité, ces hommes qui ont formé les Racine, les Molière, les Despréaux, les Massillon, les Bourdaloue, les Lamoignon, et tous les grands hommes qui ont illustré le siècle de Louis XIV, dans tous les genres d'arts et de sciences? Ils retenaient les peuples dans la stupidité, ceux qui ont formé les Voltaire, votre immortel coryphée, les d'Alembert, les Diderot, et tant d'autres dont la reconnaissance envers leurs infortunés instituteurs, fut celle du serpent de la fable, réchauffé dans le sein du paysan? Ils retenaient les peuples dans la stupidité, ces hommes généreux, vraiment dignes d'être nommés apôtres de l'humanité aussi bien qu'apôtres de la foi, qui affrontant tous les dangers, se sont enfoncés dans les déserts immenses du nouveau monde pour amener à la civilisation des peuples abandonnés à tout ce que la nature a de plus inculte et de plus sauvage? Si de pareils hommes sont ceux qui retiennent les peuples dans la stupidité, dites-nous, s'il vous plait, M. Carnot, où les philosophes prétendent donc nous conduire?

9 782019 65885